愛もお金も たっぷり! 受けとる

「福《ふく》女《おんな》」セラピー

豊かさへの扉を開く心理学

ビジョン心理学
マスタートレーナー
栗原弘美

ファイナンシャルプランナー
ビジョン心理学トレーナー
鷹野えみ子

BAB JAPAN

はじめに

さらに一歩先の幸福をあなたに

今からちょうど1年前、『女子の最強幸福論』という書籍を出版しました。

女性が太陽のように輝き、人生を思いきり充実させ、幸福に生きるためのアドバイスを、カウンセリングの会話形式で綴ったものです。おかげさまでたいへん好評をいただき、東京、池袋のジュンク堂書店では、売り上げ週間ランキング1位を獲得しました。

その書籍に、「セックスレスの夫婦で、お金を出し渋る夫の相談をする妻」の項があるのですが、私が書いた、「セックスとお金というのは、とても深く連動しています」という一文に、特に大きな反響がありました。それはどういうことなのかというご質問を、多数ちょうだいしたのです。

セックスもお金も、何かと気になるテーマではないかと思います。だからこそ、皆さんも敏感に反応されたのでしょう。

とても深く連動している――これは、事実です。

もっと広くとらえるなら、愛とお金は深く関わっています。特に、愛について問題を抱えている人は、お金についても問題を抱えています。お金について問題を抱えている人は、

はじめに

愛についても問題を抱えている人が多くいます。

その理由を心理学で解き明かし、問題を解決していこうというのが本書です。

お金やセックスというきわめて現実的な事柄を、こころという形のないもので、どうやって説明できるのか、お金と、愛やセックスに、いったいどのような関係があるのか、あなたのこころのなかをのぞきながら、解説してまいります。

もちろん、愛についての問題を解決したら、お金の問題も解決します。

一瞬で解決する、とはいいませんが、愛とお金の問題は、実はあなたのこころのありようが深く影響しています。だから、あなたのこころの問題が解決されれば、経済的な問題も解決に向かいます。私のクライアントの方々もそうやって、愛の課題、セックスについての問題を解決し、お金の問題も解消させ、豊かな人生を手にしています。

本書は、ビジョン心理学のマスタートレーナーとして活動している私、栗原弘美と、ビジョン心理学のトレーナーであり、ファイナンシャルプランナーとして専門的にお金の相談にものっている鷹野えみ子の二人で、あなたの問題を解決に導きます。

この問題を取り扱うことで、あなたの知らないあなたに出会えるかもしれません。

本書でさまざまな驚きと喜び、そして、気づきに出会えますよう……。

愛もお金もたっぷり！　受けとる

福女セラピー＊目次

第2章 「お金は愛である」という真実

第5章 お金も愛も手に入れる「福女」

第１章

お金と愛に不安を抱えるあなたへ

「お金がない」が口癖になっていませんか？

知らず知らず、「お金がない……」と口に出していませんか？

なぜか貯金ができない……。貯金はあるけど不安……。パートナーとお金のことでよくけんかになる……。

朝、満員電車で必死になって会社へ行き、残業があると帰宅は深夜。休む間もなく働いているのに、振り込まれる給料は家賃、光熱費、食費に消えてほぼ残らない。デパートの前で足を止めて、気がつくとこんな言葉が頭をよぎる。


「どうしてこんなに働いているのに、お金がないの？」


この世界で生きている限り、お金との関わりはつきものです。

しかしこんな状態では、お金の話が始まると不安になったり、暗くなったり、自信がなくなったりして、あまり考えたくないと思う人も多いかもしれません。

まわりに、こんな人はいないでしょうか？　自分はどうでしょう？

・投資や儲け話にすぐ飛びついてはお金を失う人
・お金が入ると、すぐに全部使ってしまう人
・お金の交渉が苦手な人
・豊かな暮らしをしているのに、いつも「お金がない」という人

一口に「お金」といっても、人それぞれに問題がありそうです。
あなたはお金に対して、どう感じていますか？

・海外旅行に何度も行っている人をうらやましいなと思うが、自分はなかなか行けない
・まったくないわけじゃないけど、お金が貯まらない
・必要なときにいつもお金が足りない
・貯金はあるけどなんとなく不安
・年収はそこそこあるのに、なぜかいつもお金がない

・私より給料が安いあの人は、家も車もある。私は何も持っていない
・自分の年齢だったら、いったいいくら持っていればいいのかわからない
・病気になったら生きていけない
・将来年金がもらえないなら、払いたくない
・先のことはわからないけど、とりあえずなんとかなると思う
・お受験とか、子どもにかけるお金がたいへん

などなど、お金というだけで、さまざまな思いがよぎります。お金はないともちろん困るのですが、お金があっても、持っているお金をどのように管理したり、活用したりしていいのかわからず、漠然とした不安がある場合も多いのです。

お金は、たくさん持っているから幸せで、少ししかないから不幸とは限りません。「たくさん」という感覚も人によって違います。

お金に不安を抱えているのは、失業中の人だけではありません。収入が少なくて明日の生活すら不透明、という人だけでもありません。もちろん、「いつ不景気の波が押し寄せて、勤めている会社が倒産して、路頭に迷うかわからない」といった、会社勤めのＯＬやサラ

リーマンだけでもないのです。

今や、日本国民のほとんどがお金に不安を抱えているといっても過言ではありません。収入が安定しているはずの公務員や、たくさん収入を得ている人でも、同じようにお金に対する不安を抱え、私たちが主催しているマネーカウンセリングや心理学セミナーによくいらっしゃいます。

どなたも、お金にまつわる不安や悩みを解消し、お金に対して自信を持って、余裕のある楽しい生活を送りたいと思っています。さまざまな方のお金に対する悩みや不安を聞いていると、いくつかのパターンが見えてきます。

お金に不安を抱える人のパターン１
「お金と向き合いたくない」

マネーカウンセリングでは、事前に、家計簿や通帳など、クライアントのお金についてわかるものを用意していただきます。ところが、お金に対する不安や恐怖が強い人は、必要なものが準備できなかったり、大幅な遅刻をしたりします。なかには「急な仕事が入った」と、予約を直前にキャンセルする方もいます。

カウンセリングが始まるというときに、急にお金に直面することが怖くなってしまい、自分でも無意識のうちに避けてしまうことがあるのです。

お話ししていくうちに「お金のことを具体的に考えるのがゆううつ。なるべくならお金のことには触れたくない」という正直な気持ちが出てきます。

カウンセリングでは、実際のお金の動きについて、いくらの収入があって、何にいくら使っているかなど、具体的な数字を一緒に見ていきます。お金を貯めたいのであれば、その目的や目標額を明確にしたり、現在のお金の流れを把握することで、見えなかった部分がはっきりと数値化されます。そうすることで、現状に直面することができるのです。

流れを把握し、使い方や増やし方をみていくうちに、「ホッとした、どうして今までできなかったんだろう」と、みなさん一様に安心した顔をします。

また、私たちのマネーカウンセリングでは、具体的な数字をみていくだけでなく、心理学的な側面も扱います。

クライアントはお金に対して自信がないため、「お金を扱うことが苦手な自分は、ダメ人間だ」と、自分を責める人が多くいます。そこで、お金の出入り、増やし方などをカウンセリングで整理、解決し、「大丈夫です。ちゃんとできますよ」と声をかけます。これによって心理的な部分でも安心するのです。

お金に対して抱く不安は「怖れ」の気持ちからくるものです。怖れとは「得体が知れない」と、こころの奥で思っているときに抱く感情です。そこで、カウンセラーの導きのもと、お金について掘り下げ、向き合っていくなかで、だんだん輪郭がはっきりしてくると、怖れる必要がなくなってくるのです。

「お金がなかなか貯まらない」という悩みを多く聞きますが、お金を貯めること自体は、明確な目標や目的があればそんなに難しいことではないのです。**貯められないのは、何かしらの感情や、思い込みが隠れているからかもしれません。**

たとえば、子どものころにお年玉を貯めていたのに、親に使われてしまった、または少しずつ引き出していくうちに、気がついたらなくなってしまったなど、使った事実や実感がないまま、お金を失った感情が残っていることがあります。すると、「どうせ貯めてもなくなるもの」という気持ちだけが残り、思い込みに変わっていきます。

結果、お金がなくなったときのいやな感情を感じたくないために、貯金をしなくなるのです。そういった気持ちに気づくと、自分自身の思い込みから解放され、貯金ができるようになります。

お金のことを怖れているから、なかなか入ってこなかったり、入っても必要以上に出ていってしまうということが起こるのです。お金に対する漠然とした不安があるなら、まずは「自分はお金と向き合うことを怖れているのだ」ということをしっかりと認めましょう。

怖い気持ちをそのまま受け入れると肩の荷が降りて、少しずつお金と直面できるようになっていきます。

お金に不安を抱える人のパターン2
「使い道を把握していない」

ふたつめの共通点は、「お金の使い方に無頓着になっている」ということです。

あたりまえのことですが、入ってくる金額よりも多く使いすぎているために収支が合わなくなり、気がつくと、お金がなくなってしまって……と、不安にかられるケースが、非常に多く見られます。

趣味で大きなものを買ったり、日々の生活のなかで日用雑貨をたくさん買ったり、交遊費に費やしていたりと、使い道は人によって違います。収入額ははっきりわかっているのに、何にどれだけ使っているのか、出て行くお金に対しては、自分で把握していないのです。

そうなってしまうのには、精神的なストレスからくる浪費や、子どものころの体験の影響など、さまざまな原因やパターンがあります。自分のお金の使い道を把握することは、あたりまえで簡単なことであり、とても現実的で大切なことです。

ではなぜ、そんなあたりまえのことができないのでしょうか。**自分の収入を考えずにどんどん使ってしまう理由として、まず欠乏感があげられます。**何かが足りない、不十分だ、という無意識の感覚から、お金を使ってしまうこともよくあります。無意識なので、自覚がないまま使うのですが、たとえば、こんなことに覚えはありませんか？

・買った教材などを、封を開けずに放置している
・ないと思って買って帰った物が家にある。同じものをいくつも買ってしまう
・食べ物を多く買い込み、いつも食べきれずに捨ててしまう

・テレビのショッピング番組やネット販売を見て、ついつい買ってしまう
・スポーツや趣味を始めようと道具を揃えるが、いつも飽きて、挫折してしまう

お金を使いすぎてしまう人の多くは、こころが満たされず、外側から満足を得ようという気持ちが強い人です。食べ物や洋服を買ったり、ネットショッピングをしたりすることで、一時的には満足するのですが、根本にある寂しさや欠乏感は、お金では埋まりません。しかし、それがわからないので、こころの穴を埋めようと同じことを繰り返すのです。だから、ついつい必要以上に買い物をしてしまう場合は、自分では気づいていない否定的な感情があるかもしれません。

その感情に気づき、傷ついている部分を癒やすと、徐々にこころの穴が埋まり、買い物によって気持ちを満足させようという気が起こらなくなります。

欠乏感や、寂しさの根底には、自分は愛されていない、必要とされていない、価値のない人間だ、というような気持ちがあります。幼少期に何かのきっかけで、自分に対してそのような見方をするようになったのです。こころのなかでその場所に戻り、自分の価値を認めると、癒やしを進めることができます。

長い間についてしまった「買い物ぐせ」は、癒やしが起きている間もときどき顔を出します。そうならないためには、心理的な癒やしと同時に、お金の収支を把握する練習をしましょう。今まで見てこなかったお金の動きがわかると、解決策が見えてきます。

マネーカウンセリングでは、必ず最初にこの質問をします。

「家計簿はつけていますか？」

ほぼすべての方がつけていないのですが、そのいいわけとして、いろいろな反応が返ってきます。

・つけていない理由を淡々と説明する人
・「本当に自分はお金に対して無頓着です。つけたほうがいいんですよね。それはわかっています」と自分にいい聞かせる人
・自分は本当にお金のことが苦手で……と自分を責めながらいいわけをする人

反応が起きているというのは、感情が揺さぶられているということで、自分ではなかなか気づきにくい感情に直面しているわけです。

・家計簿をつけていないという罪悪感
・途中で挫折したという失敗感
・やってもしかたないというあきらめ
・つけると、お金のなさにみじめさを感じる
・自分はむだ使いをしているから、怖くて見たくない
・買い物をして満たそうとしているけど、一向に満たされない感情
・寂しさや欠乏感

「家計簿をつけていますか？」という質問は、つけるべきだといっているわけでも、つけていないことを責めているわけでもなく、あくまでも中立的な質問ですが、この質問で感情が揺さぶられ、落ち込んだり、動揺したりします。

しかしこれが、**こころとお金の関係を見ていくうえでのスタート**です。

家計簿をつけることはもちろんよいことですが、つけるのはお金の流れを把握し、使途不明金をなくすということが目的ですから、いやなら別な方法でもよいわけです。

マネーカウンセリングでは、はじめにお金の流れを把握するプロセスを一緒に行い、そこで何がわかっていて、何が不明なのかを明確にします。

それをすることで、自分の今の状況がわかり、数字を具体的にみることで、何をどうすればよいのかの輪郭がはっきりしてくるのです。

そして、**「勘定」をはっきりさせると「感情」もはっきり把握でき、同時に癒やしも起こります。**お金によって出てくる感情は、もともと子どものときからある感情が揺さぶられることで、奥底から浮上してきたものなのです。

お金に不安を抱える人のパターン３
「収入が多い人がえらいと思っている」

現在の社会は、収入が多い人が素晴らしい、稼ぐ人がえらいというような価値観で成り立っている部分が多くあります。年商がいくらとか、年収がいくらとか、稼ぐほどにステイタスが上がり、お金を持っている人がパワーを持っているような風潮があります。

「お金を稼いでいる人がえらい」という価値観にとらわれていると、今の状況に満足できず、もっと稼がなくては、もっともっと、と自分を駆り立てていきます。

さらにいえば「年収がすべて」という価値観だと、稼ぐ額と自分の価値がイコールになっているので、稼がないと自分の価値を認めることができません。そうなると、人生の目的が「稼ぐこと」になってしまいます。収入の額が自分の価値なので、収入額に一喜一憂してしまい、気が抜けません。

どんなにたくさん働いても一向にお金に対する不安が拭えないのは、人生の目的が「稼ぐこと」になっているからかもしれません。そういう人たちは、次のような意識にしばられがちです。

- お金をたくさん稼いで、自分は価値のある人間だと実感したい
- 人からうまくいっているように見られたい、尊敬されたい
- 社会的なステイタスを得て、優越感や成功感を感じたい

男女問わず、こういった外側からの賞賛を求める気持ちで仕事をしている人は、案外多いのではないでしょうか？

「お金がなくなったら、友だちだと思っていた人がみんな去っていった」などという話を聞くこともあります。

そういう場合は、お金があることでいばっていたり、わがままにふるまっていたりするあなたに、まわりはいや気がさしていたのかもしれません。あるいは実際は、自分が引け目を感じて声をかけなくなったのに「みんなが去っていった」と、勝手に思っている場合もあります。

どちらにしても、「本当の自分には価値がない」と思っている点では同じです。人をお金で見るから、自分もそういうふうに見られてしまう。そういった思い込みが働いているという意味では、学歴へのこだわりなども同じといえるかもしれません。

「自分は稼いでいないから」という負い目からパートナーに遠慮がちになり、多くのことを我慢して夫婦の関係性が不均衡になっている、専業主婦やパート主婦もいます。実は夫も、妻が年収で自分の価値を判断していると感じ、稼いでいるのに仕事にやり甲斐を感じられず、燃え尽きているかもしれません。

お金がパワーを持ちすぎてしまうと「いかにして儲けるか」というところに意識がいってしまい、へたをすればお金を多く稼げなければ幸せではない、という思い込みをつくり出しかねません。それでは、お金持ちで幸せな人生どころか、いつまでたっても充実感を得ることができませんし、人間関係にもゆがみが生じます。そういった状況では、日々の生活や人生の豊かさを「心から味わうこと」ができなくなってしまうからです。


あるとき、年収2000万以上稼いでいる女性起業家が、実は家計が火の車状態ということで、相談にみえました。SNS上では、ビジネスが成功し、たくさん稼いでいて人生はキラキラと充実しているように見えるのですが、内情はハードワークで心身ともに疲れきっています。お金の使い道もストレスからくる浪費や、次のビジネスへの投資にまわしていて、手元に残らないというのです。同じような人のなかには、来月の家賃もままならないという人もいます。

「稼ぐこと」が目的になってしまうと、このように内側と外側のギャップが激しくなります。

お金のカウンセリングやセミナーをしていてよく感じるのは、本人の「お財布事情とこころの幸せ」は、外側の見かけとはあまり関係がないということです。

仕事に精を出してお金をたくさん稼ぎ、ようやく物質的に恵まれた生活が送れるようになっても、「幸せを感じられない」「虚しい」という、燃え尽き症候群のような状態になってしまう人もあとを絶ちません。

そして、「幸せを感じられないのは私の努力不足だからだ……」とさらに仕事をがんばって、稼ぐことに邁進し、努力の底なし沼のようになっている人も少なくないのです。

あなたが「たくさんお金を稼ぐことで得ようとしているもの」は、一体何でしょうか？

冒頭でお話ししたように、お金をたくさん稼げるようになると、価値のある人間だと実感できたり、人から尊敬されたり、優越感や成功感を感じたりします。しかし、カウンセリングやセミナーで「あなたがお金を稼ぐことで、本当に心の底から求めているものは何ですか？」と尋ねると、多くの人たちが「安心感」「安定感」「満足感」「幸福感」と答えます。

本来ならば、お金を稼ぐことはあくまでも手段なのです。

いつの間にか、人生の目的が「稼ぐこと」にすり替わってしまうと、いくらやっても満足することができない、もっともっとという循環にはまって、受けとり、楽しむというスペースがなくなってしまいます。

収入額はあなたの「こころ」が決めている

あなたは今得ている収入に、満足していますか？

「あと5万円あったら……」「これだけ働いているのだから、給料をあと10万円上げてほしい……」など、自分の収入には、複雑な気持ちを抱えているかもしれませんね。

しかし実は、今の収入額はあなたが決めていますといったら、どう思いますか？　誰もその意見には賛成しないでしょうね。

では仮に、今の収入にあなたが満足しているとします。その理由を考えてみてください。

・お金をあんまり稼ぐと、なまけものになってしまいそう
・これぐらいが、自分にはちょうどいい
・夫より稼ぎが多いと夫婦仲が悪くなる
・扶養家族からはずれてしまう
・忙しくなって、体を壊すかもしれない

右のようなことが出てくるでしょうか。

同じ仕事をして収入も変わらない限り、今の自分の生活を変える必要もないでしょう。では、収入が増えると、自分の身のまわりはどのようになると想像しますか？　もしかしたら思い描くのは、よいことばかりではないかもしれません。

お金の問題をなくそうと今の状況を変えたら、変化によって大切なものを失ってしまうかもしれないなど、新たな問題を抱える不安が出てきます。

実は、「お金がない」と不満に思いながら、その状況を変化させないでいるのも自分自身なのです。ということは、あなたは変化を望んでいないということ。だから、現在のあなたはほしいものをすべて手にしている、ともいえるのです。つまり、もっと豊かになりたい、と思いながらも、この状況をつくっているのはあなた自身。今のあなたに入ってくるお金の金額の上限は、あなたが自分でも気づかないうちに自分で決めているのです。

それを決めているのは、潜在意識にある自分なりの「考え方や思い込み」によるものです。

子どものころに両親や家族からいろいろなことを教わって思い込みをつくり、それが人生に大きな影響を与えています。

否定的な思い込みは人生に制限をつくり、肯定的な視点は希望と可能性を生み出します。それにより、自分がどんなふうに行動したり、どういう感情を感じるかということが決まってきます。

両親からの「考え方や思い込み」は人生にいろいろな影響を与えますが、お金についても同じです。「お金についてどうとらえていたか」「お金とどのようにつき合っていたか」という両親の姿勢が、今の自分に影響を与えています。

両親から受け継いだ思い込みによって、お金に対する態度や、人生に流れ込んでくるお金の上限を決めてしまっている可能性があります。あなたのなかにある思い込みが、もらえる金額や手元に残る金額、お金の使い道を決めさせて

いる、といえるかもしれません。

たとえば、幼少期に親から「お金は汚いから手を洗いなさい」といわれて育ったとしたら、「お金は汚いものだ」という思い込みがインプットされていることがあります。親は単に衛生的なアドバイスをしたつもりだったのかもしれませんが、子どもだった自分は、お金の性質に対しても「汚い」というレッテルを貼ってしまうのです。

それがその人の人生に影響し「お金は汚くて怖いもの」という思い込みとなります。「汚くて怖いもの」に、近づきたいとは思いませんから、無意識に、お金と距離を置くようになったり、慎重になったりと、人生においてお金の分野が縮こまります。

親が意図しないことを誤解してメッセージとして受けとり、それが思い込みとなって、そのとおりに生きていることもあるのです。

毎日、忙しい仕事や家事や子育てでつらく、自由のない窮屈さを感じているのに、その日常を甘んじて受け入れているなら、こころのどこかで「自分にはそれが今必要なんだ、それがふさわしい存在なのだ」という思い込みがあるかもしれません。だから、置かれた状況をあえて変えようとしないのです。

したがって、今、自分の手元にあるものはすべて、意識的であるかないかは別として、あなたが望んだ結果を手にしているということがいえるのです。

もちろん、人は皆、幸せになりたいと思っているはずですが、自分でも気がつかない思い込みが、幸せの方向に行かせないように、邪魔をしています。

あなたは、子どものころ、親や家族との関係から、どのようなお金の思い込みをつくり出したでしょうか。子ども時代の、両親のお金との関わりや言動を思い出してみましょう。

そこから、あなたのなかにどのような思い込みがあるかが、見えてくるはずです。

そのうえで、「自分はほしいだけのお金を手にしている。今の状態が自分にとって都合がよかったのだ」と認めると、パワーが戻ってきます。つまり、あなたは、求めるものを手にする力があると信じ始めたからです。

「自分を愛してくれる人なんていない」と思い込んでいませんか？

お金の問題と同様、愛についても問題を抱えている人が多くいます。

たとえば「あなたは愛されていますか？」という質問に、胸を張ってイエスと答えられる人が、いったいどのくらいいるでしょう。愛されたいのに愛されていると実感することができない、そんな感覚を持っている人は、実はたくさんいるのではないでしょうか？

・誰にも愛されていない
・いつも同じパターンで振られてしまう
・友だちは結婚しているのに、私には彼氏すらいない
・なぜかいつも三角関係になってしまう
・夫に愛されている感じがしない
・いつもパートナーに浮気されてしまう
・せっかくパートナーが見つかっても関係がダメになってしまう
・仕事は得意だけれど、人間関係はどうも苦手
・人を愛するとか愛されるということが、うまくできない

このような愛の問題に対して、「どうせ結婚できないのなら、あきらめてお金をたくさ

ん稼ぎ、シングルライフを楽しもう」「パートナーはお金を稼いでくれるけど、ときめきがないから愛し合える恋人がほしい」と考えている人も少なくありません。

「愛が手に入らないなら、お金をたくさん貯めよう」または「お金をたくさん稼ぐ人は私を愛してくれない」など、「愛かお金のどちらかしか手に入らない」という考えは、「愛にもお金にも限りがある」という思い込みから生まれたものです。

本当は、誰もがこころのなかで「お金も愛もたくさんほしい、両方に満たされたい」と願っているのではないでしょうか。しかしながら、その思い込みから愛に恵まれないと嘆いている人々はたくさんいます。


お金同様、愛にもまた、多くの人が不安を抱えています。

「自分をありのままで愛してくれる人なんて、この世には存在しない」

そんなことが頭をよぎったら、それは無意識の思い込みがある、というサインなのかもしれません。

愛に不安を抱える人のパターン1

「自己愛や自己評価が低い」

「自分を本当に愛してくれる人なんていない」と考えている人にも、お金に不安を抱える人と同じように、いくつかのパターンがあります。

まずあげられるのは、「自分には欠点ばかり」と思い込んでいたり、「自分は愛される価値がない」などと、自分でも気がつかないうちにセルフイメージが低くなっているパターンです。こういう人は、「愛されるとはこういうこと」といった思い込みがあり、そのとおりに相手が愛してくれないと、「自分は愛されていない」と決めてしまうのです。

「私を愛しているなら、記念日にはいつもプレゼントをくれるのが当然」
「私を愛しているなら、仕事から早く帰ってきてくれるはず」
「私を愛しているなら、毎日電話やメールがほしい」
「私を愛しているなら、私の両親にももっと愛想よくしてくれないと」

「愛しているなら、こうするべき」というルールを勝手に自分のなかにつくり、「自分を一番に扱ってほしい」「私はあなたにとって特別な存在だと感じさせてほしい」という自分の要求に執着しているために、本当に愛してくれている人の姿が見えなくなってしまうのです。

ルールを破られて傷つく状況を、わざわざ自らつくり出しているのです。

たとえば、自分なんて愛される価値がないという思い込みがあると、自分を大切に扱うことができなくなります。自分を大切にできないと、人のことも大切にできませんから、誰かと愛し愛される関係を築くのが難しくなるのです。

婚活がなかなかうまくいかないとか、パートナーと１００％愛し愛されている関係を築けないという場合は、「私は１００％の愛をもらう価値がない人間」といった見方をしているかもしれません。

下にきょうだいがいる人に多いパターンですが、弟や妹が生まれたことで我慢しなければならないことが多かったため、「両親は自分よりも弟や妹のほうが大切なのだ」と思い込んでしまうことがあります。そのため、恋愛やパートナーシップでも、我慢することがあたりまえになったり、遠慮がちになったり、あるいは競争意識が強かったりして、うまくいかないこともあるでしょう。

このように「愛」に関してもまた、さまざまな思い込みがある、といえるかもしれません。

愛に不安を抱える人のパターン２
「愛には限りがあるという思い込み」

たとえばあなたは、ワンホールのケーキを兄弟三人で切り分けるのと同じ感覚で、「親の愛の分量も決まっているから分けないといけない」と考えてはいないでしょうか。意外にも多くの人が、無意識のうちに「愛には限りがある」と思い込んでいます。そして「誰が一番愛を多くもらっているか」をめぐってけんかが起こり、常に比較や競争の世界で生きるようになってしまうのです。

先に、親のお金に対する対応の仕方で、お金に対する思い込みが形成されるとお伝えしました。

愛についてもまた、幼少期の家族との関係で思い込みがつくられます。

自分の思い込みがどのようなものであるかを知るには、恋愛や結婚、職場での人間関係や友人関係を見てみるとわかりやすいでしょう。

浮気や不倫といった三角関係を繰り返しているとしたら、「愛は限りあるもの」という思い込みが無意識にあるのかもしれません。「限りあるものだから、奪わなくては愛を得ることはできない」という気持ちが起こるのです。

あるいは、パートナーとの間に子どもが生まれ、あなたが子どもの世話に夢中になると、彼は自分がないがしろにされたように感じることがあるか

もしれません。あなたの愛はすべて子どもにいってしまったから自分にはまわってこないと思い込み、ほかの誰かの愛を得ようと浮気に走る男性もいるでしょう。

お金についても同じことがいえます。「もっとお金がほしい」と思っているのに、実際にはお金が入ってこないのだとしたら、「お金は限りのあるもの」と思っていたり、「お金を持てるのは優れた人で、自分はお金をたくさん持つのにふさわしくない存在だ」と思っていたりするのではないでしょうか。

誰もが本当はこころのなかで、「お金も愛もたくさんほしい、両方に満たされたい」と願っているでしょう。

お金と愛に関するたくさんの思い込みに気づいて、その思い込みから自分を解放し、自由にしてあげましょう。それには、自分の外にあるものが自分を幸せにするとか、これがなければ、この人がいなければ、私は幸せになれないといった、こだわりを捨てることです。**執着や思い込みから、自分をもっと自由にしてあげることで、お金も愛も入ってきやすくなります。**

第２章

「お金は愛である」という真実

お金の「勘定」とネガティブな「感情」

普段、パートナーや家族、友人と、お金についてどれくらい話していますか？　ひょっとすると、お金のことばかり話すのはみっともないとか、がめついなどという考えがよぎり、ためらいを感じていませんか？

私たちのなかには「お金のことを赤裸々に話すことはよくない」という感覚があります。それは、お金が劣等感や優越感など、あまり感じたくない感情を刺激するからかもしれません。というのも私たちがお金というものに関して、さまざまな感情を引きずっている場合があるからです。

私たちは、子どものころに親から受けついだ思い込みや価値観、お金のことで傷ついた経験、そのことで生まれた「未完了の感情」に影響されています。未完了の感情とは、解決していない否定的な気持ちのことです。

たとえば、

・友だちの家にはお金があるのに、家にはお金がないという劣等感
・反対に、他人よりもお金があるという、どこか申し訳ないような罪悪感
・いつもお金のことで始まる両親のけんかに、自分には何もできなかったという無力感
・会社の倒産など、急にお金がなくなった経験からくる心配
・いつ、食べられなくなるかわからないという不安

などのような感情です。

これらは、できればあまり感じたくない感情です。これらを揺さぶられたくなくて、無意識のうちにお金について話すことを避けてしまうのかもしれません。

たとえば、成功したくて躍起になっているという経験の裏側には、隠れた劣等感がひそんでいる場合もあります。身近な人や大切な人とお金のことについて話そうとすると、そういった感情を揺さぶられて感情的になってしまい、うまくコミュニケーションがとれなくなる、ということもよくあるのです。

夫婦関係でも、お金の話題がご法度となっていて、なにかトラブルが起こっても自分の力だけで処理しようとしたり、自分では手に負えない問題だとわかっても、気まずくて話

題に出すことをついあとまわしにしてしまう、というような話をよく聞きます。

身近な人との間で、お金について日常的にコミュニケーションがとれていないと、お互いのなかで無意識に隠してきたものが、借金を負う、詐欺に遭うといったトラブルとなって表面化することもあります。

そのころには、相手に対する怒りやあきらめの気持ちが強くなっていて、話し合いの場を設けることすらできず、関係が破綻してしまうということにもなりかねません。

お金に対する排他的な態度は、人生における愛とお金の循環をストップさせてしまうこともあるのです。

お金に対する感情は、子ども時代に起因していることがほとんどです。両親や親戚の間で、お金にまつわるトラブルが起きている姿を見てショックを受けたり、彼らが持っている傷や思い込みをそのまま受け継いでいたりしているのです。実際にトラブルに巻き込まれたことで負った傷が、癒やされないまま残っていることで生まれます。

・お金は汚いものだ
・お金は人間関係を悪化させるもの

・お金は人生を狂わせてしまう
・お金持ちは、性格が悪い
・お金は怖い
・お金のない家に生まれたら、明るい将来などない
・お金の切れ目が縁の切れ目

そんな思い込みが、お金を使うときにいやな気持ちを抱かせたり、たくさんお金が入ってきたときに、落ち着かなさを感じさせます。

ときには、浪費家の親のもとに育ち、「自分は絶対にあんなだらしない人間にはならないぞ」とこころに決めて締まり屋になったり、逆に倹約家の親に育てられて「あんなケチな人間にはなりたくない」と大盤ぶるまいしたりと、親を反面教師にしている場合もあります。

そういったさまざまな感情があるということは、「あなたのなかに、お金に対するブロックがありますよ」というサインでもあるのです。

お金に対する停滞した感覚やさまざまな感情については、「お金を使うとき」に知るこ

とができます。

・銀行口座の残高を見たときに、「もうこれしかない」という焦りの感覚
・「がんばって仕事をしているのに、いつもお金に余裕がない」という燃えつき感
・家族に内緒で自分の好きなものを買ったときに感じる罪悪感
・友だちの財布をちらりと見て感じる劣等感や「自分はお金がなくて恥ずかしい」という気持ち
・大きな買い物をして大金を払うときの、「お金がもう入ってこなかったらどうしよう」という恐怖

お金を受けとるときや使うときに必ず感じる、何かしらの感覚——そこには、さまざまな感情がひそんでいます。それは、実は新しいものではなく、あなたが子どものころに体験した、未完了の感情である可能性があります。

たとえば、「お金がなくて不安、怖い」という気持ちがあるとしたら、それは「今、お金がないから不安や恐怖が湧いてきている」のではありません。子どものころにうまく対

処できなかった不安や恐怖が、今再び、似たような体験を通して意識の表面に上がってきているのです。

こういった出来事は、過去の感情を癒やすために、今浮上しているという見方ができます。そのことに気づいて癒やされるまで、外側の世界で同じ問題を繰り返してしまうことになりかねないのです。

せっかくあなたの人生にお金が入ってきても、思い込みが作動して、お金がいつの間にか消えてなくなってしまうとしたら、どうでしょうか。

「どんなに稼いでも満たされない」のも、未完了の感情が傷となり、思い込みが邪魔して、お金を大事にできなかったり、お金を使うことを楽しめなかったりするということもあるからです。

もし、お金について考えるのがいやだな、苦手だなと思ったとしたら、まずは「自分のなかに未完了の感情があるんだ」ということに気がつくことが大切です。

「自分は、お金に対してオープンな人間だ」と思っているとしても、パートナーや家族との関係に不調和や、距離感があるとしたら、本当は何かしらの思い込みや、未完了の感情が隠れていることがあります。

お金を使うとき、ざわざわとしたいやな感情を感じたら、「私はお金に対してこんなにいやな気持ちをずっと持っていたんだ」と知ることができます。

そして「これらは、両親から知らず知らず受け継いだものや、過去のつらい体験からつくり上げてしまったもの。今の私が幸せになるのにはもう役には立たない感情なのだ」と認識し、それを解放します。すると、あなたにとって本当に役に立つものを新たに選択しやすくなるでしょう。

あなたにとってお金とは何ですか?

あなたのなかには、お金に対するどんな思い込みがあるのでしょうか。

これから、面白いワークでのぞいてみましょう。

ワーク1

ノートに、「私にとって、お金とは、○○である」の○○に入る言葉を、10個書き出してみましょう。

例

「私にとって、お金とは、いつも足りないもの」
「私にとって、お金とは、危険なもの」
「私にとって、お金とは、使いこなすのが難しいもの」
「私にとって、お金とは、パワーをくれるもの」
「私にとって、お金とは、なかなか手に入らないもの」
「私にとって、お金とは、稼げないと無価値で無力に感じるもの」
「私にとって、お金とは、人間関係を悪くするもの」
「私にとって、お金とは、命の次に大切なもの」
「私にとって、お金とは、羽がついていてすぐに飛んで行ってしまうもの」
「私にとって、お金とは、人の心を乱すもの」

ワーク2

今度は、「私にとって、お金持ちとは、○○な人である」の○○に入る言葉を、10個書き出してみましょう。

例

「私にとって、お金持ちとは、自由に生きている人」
「私にとって、お金持ちとは、運が強い人」
「私にとって、お金持ちとは、限られている人」
「私にとって、お金持ちとは、力がある人」
「私にとって、お金持ちとは、まわりの目を気にしない人」
「私にとって、お金持ちとは、性格が悪い人」
「私にとって、お金持ちとは、ケチな人」
「私にとって、お金持ちとは、成功している人」
「私にとって、お金持ちとは、冷たい人」
「私にとって、お金持ちとは、世渡りがうまい人」

どんな言葉が出たでしょうか。まずは、それらをただ「私はお金やお金持ちに対してこう思っているのだな」とそのまま認め、何の判断もしないで、受け入れましょう。

あなたにとって愛とは何ですか？

次に、あなたの愛にまつわる無意識の思い込みを見つけていきます。

ワーク３

「私にとって、愛とは、○○である」の○○に入る言葉を、10個書き出してみましょう。

出てきた言葉に対して、お金のときと同じように、「私は愛に対してこう思っていたのか」と、ありのままを受け入れます。

さて、３つの質問について、どんな気づきや発見、経験がありましたか。お金と愛に対して、自分がどのようにとらえているかが見えてきたのではないでしょうか。
思いつくままにノートに書き出した言葉を見てみましょう。

ワーク4

ワークで書き出した思い込みをさらに深く見つめていきましょう。
今度は、ワーク1とワーク3で出てきた「お金」と「愛」を、互いに置き換えます。たとえば、お金のワークでこのような思い込みが出てきたとします。

「私にとって、お金とは、汚いもの」
「私にとって、お金とは、使いこなすのが難しい」
「私にとって、お金とは、人間関係を悪くするもの」

この「お金とは」の部分を「愛とは」という言葉に置き換えます。

「私にとって、愛とは、汚いもの」

「私にとって、愛とは、使いこなすのが難しいもの」
「私にとって、愛とは、人間関係を悪くするもの」

出てきた一文一文について、自分のなかの感情がどのように動いているかを見つめます。
お金に対して持っていた思い込みが、実は愛の分野にも影響を与えていることがあぶり出されるでしょう。

そして、同様に「愛とは」のワークで出てきた思い込みも、「お金とは」に置き換えてみます。

「私にとって、愛とは、なかなか手に入らないもの」
「私にとって、愛とは、つかみどころがないもの」
「私にとって、愛とは、人を争わせるもの」

というものが出てきていたのだとしたら、次のように置き換えます。

「私にとって、お金とは、なかなか手に入らないもの」

「私にとって、お金とは、つかみどころがないもの」
「私にとって、お金とは、人を争わせるもの」

「お金」と「愛」を入れ替えるワークの結果を客観的に見つめてみましょう。

「なかなか手に入らない」
「難しい」
「人間関係がこじれる」
「失うのが怖い」

といった具合に、置き換えても意味が通じてしまうのです。つまり、心のなかでは、お金や愛に対する思い込みには、共通点があることに気づくことでしょう。お金にも愛にも共通して自分のなかで意味をなす言葉が、あなたに特に大きく影響をもたらし、人生をうまくいかせないように働かせている思い込みです。

このワークをした千香子さんは、書き出した文章のなかに、

「私にとって、お金とは、自由を獲得するための力」

「私にとって、愛とは、海のようなもの」

というものがありました。これを入れ替えると、

「私にとって、愛は、自由を獲得するための力」

「私にとって、お金とは、海のようなもの」

となります。千香子さんは実際に、「愛は、自由を獲得するための力として使えるけれど、時として暴走して人間関係を壊す」という、愛に対する思い込みを持っていました。そして、その信念に基づいたパターンを人生のなかで繰り返していました。愛は戦うもの、獲得するものという思い込み、さらには支配や執着などと混同していたのかもしれません。

一方、お金には、まるで海のように常に世の中にあふれていて、たくさんのものを生み出すけれど、「絶対に自分のものにはならない」という思い込みを持っていることを発見しました。

実は千香子さんは、「貯金がなかなかできない」というコンプレックスを持っていました。多額の収入があってもどうしても貯金できず、使わずにはいられないというのです。時に

は、病気やトラブルが起こって、きれいになくなってしまうこともあったそうです。

なぜそうなってしまうのか、自分でもずっとわからなかったそうですが、「私にとって、愛とは、海のようなもの」を、「私にとって、お金とは、海のようなもの」と、入れ換えたことによって、「お金は、絶対に自分のものにはならない」という強い思い込みに気づきました。同時に、これまで貯金ができなかった理由がわかって楽になり、心にゆとりができたそうです。

愛とお金、どちらをとりますか?

「私と仕事、どっちをとるの?」

ドラマや小説などで、そんなセリフを耳にしたことはありませんか?

ほかに、「究極の選択」と称して、「『誠実に愛してくれる貧乏人』と『自分だけを愛してはくれないお金持ち』どっちがいい?」などといったものもありますね。

こういった質問をされると、自分にとってどちらが魅力的か、どちらなら我慢できるかなど、考えあぐねてなかなか選べないのではないでしょうか。

この選択をはじめから「放棄」して、「私は、仕事は得意だけれど、人を愛するとか愛されるということがうまくできない。どうせ結婚できないのなら、パートナーシップや家族をあきらめて、お金をたくさん稼いでシングルライフを楽しもう」という独身の人も、最近増えているように思います。

ほかにも「パートナーはお金を稼いでくれて物理的には満たされているけれど、仕事だ、ゴルフだといって家にあまり帰ってこない」「パートナーとも友だちとも、それなりに仲良くやっているほうだけど、いつもお金がなくて、カリカリしてしまう。私はお金とは、縁遠い人生な

のかもしれない」という既婚者もいます。

「愛が手に入らないならお金をたくさん持とう」「お金をたくさん稼ぐ人は愛をくれない」などといった、「愛かお金、どちらかしか手に入らない」という二者択一の考えは、「よいものをすべて手に入れることはできない」という思い込みから生まれたものです。

この思い込みのために、お金も愛も「どちらかしか手に入らない」とか、「自分の元にはやってこない」といった、あきらめの感情が湧いてくるのです。

実は「どちらかしか受けとれない」というのも思い込みにすぎません。では、両方手にすることができるとしたらどうでしょう？

そのためには、自分がどんな思い込みをしているのかに気づき、その思い込みを外していくことが、両方手に入れることの鍵となるのです。

ケチのマインド

「与える」と聞いてみなさんはどんなことを想像しますか？

・与えるって疲れそう
・与えるとなくなる
・人をやたらと褒めるのは、損な気がする
・人に何かしてあげるのは嫌いではないけれど、どこかで見返りを求めている

「与える」というのは、その人や状況が好転していくように、自分のエネルギーや注目を注ぐことです。誰かを褒めたり、何かをあげたりすることも、もちろん与えることになります。しかし、「こういうふうに喜んでほしかった」のに違う反応が返ってきたり、「おせっかい」といわれたりするなど、想定と違うことが返ってくると、がっかりすることがありますよね。

「普通はこうしてもらったらこうするもの」という自分のルールが破られて、与えることを積極的にできなくなっている人も多いのではないでしょうか。

実は、与えるのはいやではない、だけど「与えたからには見返りがほしい」というのは、本当の意味では与えていることにはなりません。どこかに「奪いたい」という気持ちが隠

れているということになります。

与えるというのは、情熱や喜びをもって自分を差し出すことです。まずハート、気持ちがあって、それが自然な言葉や行動に現れます。そのとき、すでにあなたは報われていると感じているはずです。

一方、日々の生活のなかでは、「給料が上がらない」「お小遣いが少ない」などの、待遇がよくないといった不満、報われない感覚はよくあるものです。そんなとき、こんな考えや行動に出ていることはありませんか？

・全力でやってしまうと期待されてあとが困る
・手伝えそうだけど、めんどうだからあまり関わらないでおこう
・分かち合いをしない（素晴らしいことがあっても、小さなことだからと思っていわない）
・よかれと思ってやっているけれど（エレベーターのボタンを押すなど）、ありがとうという反応がないと許せない
・夫は私のためにお金を払ってくれて当然。できるだけ自分のお金は減らしたくない

・仕事のヒントを知っているけど、疲れるから知らないふりをする
・「あんなにもらってるのに、ぜんぜん仕事をしていない」など、まるで、給料泥棒のように人にいわれてしまっている
・お金があるのに支払いを遅らせる
・「お金がない」といって、できるだけお金を出さないようにして、常に出し惜しみしている

右にあげたような気持ちのなかには、与えているようで与えていない、ケチのマインドが隠れていることにお気づきでしょうか？

一生懸命やっていると思っていても、結局やっているうちに疲れてしまったり、「自分は相手のためにこんなにたくさんしてあげているのに」という犠牲的な気持ちになったりする意識が存在していませんか？　そういうふうに思っているときは、実は与えているようで与えていないのです。

「こんなにやっているんだからもっとほしい」と、自分のものにしたいというエネルギーを出し続けていると、逆にお金も愛もあなたからどんどん遠ざかってしまいます。

「このぐらいしかもらっていないのだから、このぐらいの働きでいいだろう」とか、「今日は上司がいないから適当に上がろう」など、損得によって働き方や与え方を変えるのは、愛やお金の入り口を狭めているといえます。

このように、お金も愛も逃げていく理由のひとつに「できるだけ少なく与えて多く取ろう」とする、「ケチなマインド」が根強くはびこっていることもあげられます。

「ケチなマインド」とは、「持っているのに与えない。ちょっとだけ与えて、できるだけたくさん取ろうとする」といったものです。

こういったケチなマインドは、搾取するという「奪うエネルギー」にほかなりません。

この奪うエネルギー、つまり「ケチなマインド」を自分がどのくらい持っているかということに気づきを持ちましょう。それは、お金だけではなく、才能や、資源に関しても当てはまります。

がんばって働いているかもしれないけれど、このようにケチケチするくせが知らず知らずに出ていることが多々あります。

ケチのマインドができる原因のひとつに「自分はありのままでは十分ではない」「自分のなかに足りないものがある」などという思い込みや「自分のなかにある欠乏感」などが

関係している場合があります。

「自分は欠けている」「自分にはお金がない」「自分は足りない存在である」といった思い込みは「外から埋め合わせなければ足りない」という思いを引き寄せます。そして、「足りないのだから人に与える余裕はない」と考え、さらに自分に足りないものをどんどん外から奪おうとします。与えることよりも、まず自分を満たそうとする、これが「ケチのマインド」をつくり上げます。

手に入れようとするほど、お金も愛も逃げていく

「自分には愛がない」「私は愛される価値がない」という思い込みがある場合も、外から満たそうとするサイクルが生まれます。

「もっともっとがんばれば、きっと満たされるはず」と、自分を犠牲にして無理をしたり、「もっともっと尽くせば、きっと愛されるはず」と、必要以上に相手に尽くしてしまったりするのです。

そうやって、結局は自分のこころを満たすためだけに、もっともっとと行動していると、本来受けとっていいはずの充実感や達成感などはいつまでたっても味わいきれないかもしれません。

そのサイクルにいると、どんどん疲弊してしまい、お金や愛から遠ざかってしまうことになりかねません。

愛が自分の外側の世界にあると思い込んでいると、外から補充しなければならない状況をつくり出してしまうのです。

日々の生活のなかで物質的にも満たされ、愛を感じられるようになるには、愛を外側から取り込もうとするのではなく、「愛は自分のなかにある」と気づくことが愛を受けとる最初の一歩になります。愛やお金を受けとるには、自分自身が愛の存在である、ということを「知る」こと、そして「愛に気づいて受けとる」と決めることが必要です。

「自分は欠けている」という思い込みを持っていると、「自分なんて」という思いから、自分のことを粗末に扱ってしまうこともあり、結果、不必要な借金をつくるなど、お金の問題を起こす場合があります。

逆にいえば「お金を持っていない」「自分は欠けている」という思い込みにしがみつくのをやめることによって、ケチなマインドから抜けられるのです。

まずは「自分はお金を持っている」「自分は十分な存在だ」と思ってみましょう。

私たちは、それぞれたくさんの才能を持って生まれてきています。しかし、「自分には才能なんてない」と信じ込み、才能があることにも気づいていない場合もあります。

まわりをよりよくしたいと強く願い、この世界に与えたときにはじめて、自分が才能を持っていることに気づくこともあるのです。

「自分にはこんなことができる」「こんなふうに人を助けられる自分は好き」と認め、才能を分かち合うことで、愛やお金を受けとる扉が開きます。

夫にお金をかけたくないという妻もいますよね。夫が服装に無頓着で、妻は「ちゃんとしてほしい」と文句をいうけれど、いうだけで何もしないという場合も同じです。カウンセリングを進めていくと、実は、「素敵になってほかの人にいい寄られたら困る」と思っていることに気づくことがあります。夫との間で「どちらが素敵か」と張り合っていると、相手に気前よくしようとはならないですよね。そんなときは、自分たちは二人でひとつのチームなんだ、と、視点を変えて、張り合おうとする気持ちを乗り超えていくことが大切です。そうすると「夫が輝くことはただうれしいこと」として受けとれるようになります。妻が服を選んだり、褒めたりして、自分の才能をパートナーのために使って夫が輝けば、それは、チームである夫婦二人ともが輝くという結果になるのです。

お金の問題を解決する鍵は「愛」

愛のことにしろ、お金のことにしろ、うまくいかないとき、そこには何かしらの傷や癒やされていない感情、思い込みなどがあるといえます。

つまり愛やお金の問題の原因には、さまざまなこころのあり方が関係しているのです。お金や愛にまつわる傷や思い込みが癒やされていくほど、自分が見ている世界は変化していきます。

「自分には愛がない」「自分は欠けた存在だ」「自分はお金に縁がない」といった思い込みが癒やされ、変化したときに、実はそこにはたくさんの愛があったんだと気づくことができるかもしれません。

ここで、お金の問題をパートナーシップで解決した、カップルカウンセリングの例をあげてお話ししましょう。

事業に失敗し、借金を抱えてしまった夫は、妻に離婚をいい渡されました。夫は、離婚せずにやっていく道を見つけたいと相談に来たのです。

そのときの二人は、妻がどんどん成功し、キャリアアップしていくと同時に、彼が仕事で失敗し始める、というプロセスにいました。

彼は、友人の紹介で別の仕事を始めましたが、なかなか結果が出ず、悩んでいたのです。妻に聞いてみると、むしろ彼の問題は、分かち合いをせずに何でも一人で問題を抱えてしまうことにあったようです。

カウンセリングで彼の誠意を感じた妻は、もう一度彼を励まし、一緒にやり直す決意をしました。そこから彼は心機一転、がんばって、プロジェクトのリーダーにまで昇進したのです。社内でのリーダーとしての信頼を築き、営業の仕事に結果が出てくるようになりました。しかし、家庭での彼は、忙しさにかまけて家事はすべて妻任せでした。

夫の仕事の問題は解決したものの、２回目のカウンセリングのなかで、今度は「夫にももっと家事をしてほしい」という文句が出てきました。そういいながら、妻はそんなふうに夫に対して常にハードルを上げ続けていることに気づいたのです。

そこで、責めたり、文句をいったりするのをやめ、「夕飯のあとに洗濯してくれない？」などと、具体的にしてほしいことを頼むようにすると、夫はどんどん手伝ってくれるようになりました。

そうして二人の関係は修復されていき、距離が近づくにつれて、仕事での成功も安定し、生活に豊かさと潤いが出てきました。

「収入が増えれば愛の問題が解決する」のではなく、「愛の問題が解決すると、収入も含め、すべてのことがスムーズになり、自然と豊かになる」のです。

私たちは多くの場合、お金や愛に対して「限りあるもの」という思い込みをして、そのとおりの世界をつくり上げてしまっています。しかし自分が癒やされて、愛を受けとり始めたとき、そこには循環が生まれます。

それはお金も同じことで、愛に基づき、お金を感謝しながら与え受けとっていくときに、愛の循環が自然とお金にも起きるのです。

私たちはこれまで、何か問題が起こると、そこにばかり注目して解決しようとしてきました。しかし、問題を解決する前に「愛とお金」について、「真実」を知る必要があります。

それは、「愛もお金もエネルギーである」ということです。「お金」といっても、最近は実際に現金をやり取りすることはどんどん少なくなり、信頼によって経済は動いていますから、考えてみればそのようにいいきってよいのではないでしょうか。お金も愛もエネルギーである、とするならば、自分がまずは愛に満たされることで、愛のエネルギーをまわりに与えることができます。

そしてここでもうひとつ、お伝えしたいことがあります。

それは「与えることとは受けとること」です。人は、気前よく分かち合ったり、自分の才能やエネルギーを与えたときに、すでに「与えること自体が喜びである」という体験をします。その「与える」という行為自体が、すでに、喜びを受けとることでもある、ということです。「与えることは受けとること」なので、自分もさらに愛を受けとります。そうすると、そこに「与え受けとる」というエネルギーの循環が起きるのです。

「私は『愛』である」「愛もお金もエネルギーであり、無限である」と、こころのあり方を変えていくだけで、愛の循環が起き、滞っていたお金の問題に流れが生まれていくのです。

循環をさえぎる自分なりの思い込みがある、という点でもお金と愛はよく似ています。愛やお金のエネルギーの循環を止めている思い込みが何なのか、この章のはじめで行ったワークを通して気づくと、問題解決の最初の一歩を踏み出すことができます。

愛とは喜び、自由、祝福、成長、拡大、循環、平和といったものです。それらのエネルギーに制限はありません。そしてそのワークで、愛とお金は同じように考えることができる、「表裏一体」の関係でしたね。であれば、お金も喜び、自由、祝福、成長、拡大、循環、平和であるといえます。

ということは、お金も愛も無限に循環させることができるといえるのです。

裕福な家が代々裕福である理由

それでは、なぜ「お金も愛も限りあるもの」という思い込みをしてしまったのでしょうか。それらの思い込みは「両親や家族との関わりで形成される」とお伝えしました。もし両親や家族が「お金も愛も無限である」と思っていたら、あなたには制限がなかったかもしれません。

そういった思い込みは、先祖代々から受け継がれている場合も多いのです。裕福な家庭に生まれた子どもが、大人になってもお金にゆとりのある生活をしているように見えることが多いのは、お金そのものだけでなく彼らが「富は無限」という観念を受け継いでいるからかもしれません。

「お金や愛は有限である」と、「お金や愛は無限である」という思い込みの違いを解く鍵は、「存在としての愛」にあります。

私たちは誰でも、愛し愛されたいと思っています。

愛を求めて恋愛や結婚などさまざまな経験をします。

しかし時には、思うように愛されなくて「自分には愛される価値がない」と誤解してしまったり、深く傷ついた体験から「もう誰も愛せない」と、こころを閉ざしてしまったりすることもあります。

また、「自分には愛がない」という思い込みから、他の人から愛を埋めてもらおうとすることもあります。カウンセリングやセミナーでは「多くの人が間違った理由で結婚しています」ということをよくお話しするのですが、そのゆえんがここにあります。

本当は、私たちのなかに「愛がない」のではありません。

「愛がある」といういい方も、少し違うかもしれません。

自分のなかに愛があるとかないとかいうことではなく、私たちの「存在そのものが『愛』」なのです。

「私は愛されたい（I want to be loved）」とよくいいますが、本来は、「私は愛である（I am love）」が真実なのです。


「I want」とは、「今は持っていない」ことが前提です。

「I am」とは、今ここで「満たされている」ことを意味します。

「I want　ほしい」と「I am　である」。

どちらの状態になるかの違いは、その人が「真実」に気づいているか、いないかにあります。

真実とは「愛もお金もエネルギーである」ということです。

つまり、愛である私たち人間も、常に変化し、循環しているエネルギーであるということがいえるのです。

そのことに気づかず、「I want」のあり方で、お金や愛を求めていると、「ほしい」という気持ちばかりが先走る生き方になり、これはもらうばかりで与えない、エネルギーの循環のない状態になってしまいます。

自分はエネルギーであり、愛であることに気づいて、「I am」のあり方でお金や愛を実感する、今この瞬間を積み重ねていると、今の自分を信頼することになります。そうすると、今の積み重ねの先にある未来にも、お金や愛が入ってきます。

「あなたは愛である」という真実

46頁で行ったワークを、さらに応用したワークを行ってみましょう。

今度は「お金」と「愛」と、「自分自身」の関係に目を向けてみます。

「あなたにとってお金とは？」「あなたにとって愛とは？」で書き出したものを今度は、「私は、○○である」という文章の○○に置き換えてみましょう。

例

「私にとって、お金とは、汚いもの」
「私にとって、お金とは、稼げないと無価値で無力に感じるもの」
「私にとって、お金とは、人間関係を悪くするもの」
「私にとって、愛とは、なかなか手に入らないもの」
「私にとって、愛とは、ある日突然、なくなるもの」
「私にとって、愛とは、人を争わせるもの」

といった思い込みを書いていたとしたら、

「私は、汚い」
「私は、稼げないと無価値で無力」
「私は、人間関係を悪くする」
「私は、なかなか手に入らない」
「私は、ある日突然、なくなる」
「私は、人を争わせる」

というふうに書き換えてみましょう。

「私にとってお金とは○○である」「私にとって愛とは○○である」で書き出して、○○に入れた言葉は、あなたが自分に対して持っているセルフイメージを示しています。

いかに自分に対して厳しく、いかに自分の存在を低くみているか、いかに自分を制限しているかを物語っている文が多いのではないでしょうか。

私たちは、本来は満たされた愛の存在ですが、「自分は欠けている」という思い込みによって、「自分の人生にはいつも何かが足りない」という現実をつくり出してしまうことがあります。

しかし、思い込みによってつくられたセルフイメージは、本質のあなたではありません。かりそめの姿です。

「自分は欠けている」という思い込みを、「無限の可能性」に変えるために、「私は愛である I am love」という真実を受け入れましょう。

自分の存在そのものが愛だとわかれば、愛がないという思い込みによる、愛を奪い合うような体験や争いは起こらなくなります。起こっても、その渦に巻き込まれないよう、自らの選択で抜け出せるようになります。

「愛がない」というところからくる、怖れや欠乏感もすべて幻想だと、気づけるようになります。

「お金か、愛か」の選択はしなくていい

愛もお金も手に入り、幸せに成功している状態が、本来のあなたの自然な姿です。

「そんなことはありえない」と思ったとしたら、それはあなたが、自分にはその資格がないと思い込んでいるということです。お金も愛もエネルギーですから、愛があるところにはお金が自然と生まれるものなのです。

ですから、「愛とお金」どちらかひとつを取ろうとする必要はありません。

今、手に入っていないのだとしたら、「私は、愛もお金も手に入れて成功し、幸せでいていい」と宣言しましょう。そうなるためには、まずは、前述したように自分の本質が「愛」だと気づくことです。

自分の本質を受け入れると、人間関係もお金も「こころで味わって満足すること」ができるようになります。満足している状態、幸せでいる状態、それこそが「豊かさ」につながっていきます。

「豊かさ」は、収入の額ではありません。「こころで味わえること」に価値を見出しているということです。豊かさを味わえる自分や他人の存在そのものに、祝福を感じられるということです。「豊かさ」をたくさん受けとっていくことによって、循環を止めてしまうケチなマインドや、豊かさをブロックしている思い込みが、愛もお金も無限であるというものに変わっていきます。

恋人やパートナー、親やきょうだい、友だち、同僚、上司、行きつけのレストランやコンビニ

の店員さん、近所の住人……。相手の立場にこだわらず、人と関わることで「自分は愛されているな……」と感じる時間が多い人ほど、お金も多く受けとりやすくなります。そのなかで、もっとも愛されていることを実感しやすいのが、パートナーとの関係かもしれません。

お金か愛、どちらかしか手に入らないのではない。両方ともに手に入れていいのだ。そのことに気がつくと、自分を愛してくれている人を、今すぐに見つけたくなってくるのではないでしょうか。

あなたの身のまわりをよく見渡してみてください。

必ず、あなたのことを愛してくれている人がいるはずです。

あなたがその人のことを好きでも嫌いでも、その人から愛されていることをこころから認め、愛を受けとろうという意欲を持ちましょう。もともと愛されている自分に気づき、その気持ちを味わえるようになると、お金に対しても楽しみを味わえるようになります。

自分のまわりに愛があふれていることに気づきましょう。お金をたくさんほしいなら、まずは、愛をたくさん受けとるように意識するといいのです。人にもお金にも、愛される勇気を持つことです。

第３章

誰も語らなかった「性交《セックス》」と「成功」の関係

あなたにとってセックスとは？

愛もお金も両方手に入れている状態が「成功」だとすると、実は成功するのに、セックス（性交）が大きく関係していることをご存知でしょうか？

ワーク5

ノートに「私にとって、セックスとは、○○である」の○○に入る言葉を、10個書き出してみましょう。

自分の体や容姿に対するコンプレックスなどが、セックスに対する思い込みに影響を与えていることもあります。

例

「私にとって、セックスとは、汚いもの」
「私にとって、セックスとは、愛し合うもの」

「私にとって、セックスとは、傷つけ合ってしまうもの」
「私にとって、セックスとは、パワーをくれる」
「私にとって、セックスとは、なかなか手に入らない」
「私にとって、セックスとは、人間関係を悪くする」
「私にとって、セックスとは、いやなもの」
「私にとって、セックスとは、縁がないもの」
「私にとって、セックスとは、やっかいなもの」
「私にとって、セックスとは、快楽」

といった具合です。

セックスに対して、自分がどのようにとらえているか、思いつくまま、ノートに書き出してみましょう。

どんな答えが出てきましたか？

その答えをみてどんなふうに感じるでしょうか？　出てきた言葉は、「私はセックスに対してこう思っているのだな」と、ただそのままを認めて受け入れましょう。

自分でも意識していなかった思い込みが出てきたかもしれません。

セックスの話を積極的にする人、セックスの話を全くしない人など、いろいろなタイプの人がいますが、幼いころから日常的に家族のなかでセックスの話をしていたという人は多くありません。また、夫婦間でセックスの話をする人も、あまり多くはないようです。

自分がセックスについてどんなふうに感じているのか、どんなふうに思っているのかに意識を向けて、あきらかにすることはちょっと勇気のいることかもしれません。それでも、しっかり向き合うことができると、**セックスは特別なものではなく、とてもシンプルで豊かな行為なのだ**ということが理解できることでしょう。

お金とセックスの共通点

結婚生活の大事な部分のひとつにセクシュアリティーがあります。

結婚生活とは、財政状態を共有すること、そしてセックスを営むことでもあるので、夫婦で共有する部分という意味では、二人が関わっていることとして、とても大事なことだといえます。

お金が私たちの幸せや安心感と関係があるのと同じくらい、セックスも結婚生活の幸せや充実感、愛されているという体験と、深く関係しています。

まず、お金とセックスという、一見関係ないように見えるものの共通点をあげてみます。

そして、お金とセックスが見せてくれる人生のパターンや、幸せの秘訣のようなものについて考え、愛がお金に関係しているだけでなく、実は、セックスが成功やお金、豊かさと深い関係があることを見ていきたいと思います。

共通点その１　タブー

お金とセックスに共通することのひとつに、どちらも話題にするのはタブーであるということがあります。どちらの話も夫婦や家族で「話題に出す」ことすら恥ずかしかったり、問題が起こってからいやいや話し合うことになったり、あるいは離別することになってもなお、話し合えないまま終わったりすることがあります。

性的な面においては、自分の性欲やセックスを恥ずかしいものと思っていたり、自分のしてほしいことを相手に伝えられなかったり、シャイであるということも、タブー視する一因ではないでしょうか。

シャイであること、つまり、恥ずかしがり屋であるということは、文字どおり「恥ずかしい」という感情を揺さぶられてしまうため、話題に出すことすらタブーにしてしまいがちです。日本人は特に、シャイ同士のパートナーが多いので、うまく自分の欲求を伝えられず、誤解したままセックスが縁遠くなっていくという場合もあります。シャイ同士だとセックス自体が起きにくいということもよくあることです。

ですから、どちらかが勇気を出してシャイを超えていく、ということが必要になります。

タブーになってしまう原因として、親がセックスを恥ずかしいものだと思っていたり、両親のどちらかが浮気をしていて「セックスはどこか、後ろめたいものだ」という感覚があったりすることも、原因としてあげられるのではないでしょうか。

また、体の変化が激しい第二次性徴期に自分の容姿をからかわれていやな思いをしたこと、セックスに関するトラウマや、いやな経験なども、タブーになりやすい原因のひとつといえるかもしれません。

共通点その２　欠乏感

「お金がない、もっとお金がほしい」という感覚と「セックスが満たされていない、もっといいセックスがしたい」という感覚は、どちらも欠乏感を感じた経験からきています。

欠乏感とは、何かが足りない、ありのままでは満たされないといった、どこかが欠けているような感覚のことですが、その**欠乏感から行動している限り、本当の意味で満たされることはありません。**

どんなにお金を稼いでも幸せを感じられず、事業を拡大してますます忙しくする成功者、たくさんの人とつき合ったり、セックスしたりしても、ステディな関係を築けない遊び人、結婚しても浮気や不倫を繰り返す人は、「何かが足りない」という、欠乏感から行動しているのです。

つまり、タブーの感覚や、欠乏感、悪いことをしているような、申し訳ないような罪悪感、自分にはあまり価値がないという感覚などを刺激されるというのも、お金とセックスは共通しています。そういった感情を刺激され、無意識のうちに遠ざけてしまう、手に入らないようにしてしまうという点でも似ています。

共通点その3　年齢へのこだわり

お金に対してもセックスに対しても、もっといえば、人生に対しても、歳をいいわけにしやすい、というのも似ている部分であるといえます。

「もうこんな歳だからセックスできない」「もうすぐ定年だから、仕事ができない」など、人生そのものからひきこもってしまう人も、世の中にはたくさんいるのではないでしょうか。

働くことはお金を生み出すパワーですし、セックスはパートナーとの親密で生き生きとしたエネルギーを生み出すパワーであるといえます。しかし、「歳だから」などという理由から、限界をつくってしまい「もういいよ」と、あきらめてしまう傾向があるのも否めません。そうなってくると、セックスも、お金を生み出すパワーも枯れていってしまいます。

これからは人生100年時代です。100歳を越えて生きる人がどんどん増えてきます。お金もセックスも、人生を楽しむという意味では豊かさにつながっているものです。そうとらえると、お金にもセックスにも「歳だから」という限界をつくらずに、人生を楽しんでいきたいものです。

そのためには、普段から、自分のお金とセックスに関わる感情や思い込みに気づきましょう。その感情や思い込みから自由になることで、パートナーと深いコミュニケーションをとることが可能になります。

結婚生活が深まっていくのと同じように、夫婦の性的関係も深まり、進化します。日常の関係性のなかでお互いの対立や隔たりに直面し、乗り越えていくとともに、性生活においても、各段階のチャレンジや、乗り越えていくべき課題があります。

パートナーとの間に問題が起きても、話し合い、つながり続けていくことで、二人の関係は深まっていくのです。

セックスの3段階のレベル

セックスには、「肉体レベル」「感情レベル」「スピリチュアルレベル」の3つの段階があります。ステージを登っていくごとに関係性が深まり、進化します。

肉体レベルのセックス

肉体レベルのセックスは、セクシュアルな欲求《ニーズ》を土台としています。特に若いときは、セックスする場所を探して「ボーイフレンドと外泊するのに、お母さんになんていおう」というような、スリルと興奮を味わっていたかもしれません。人間には、タブーなことにひかれるという性質があるので、興奮するし、刺激を求めてしまうのです。

ここで問題にすべきは、性的欲求の強い人は、自分の欲求を満たすために、パートナーを〝物〟のように扱ってしまうことです。しかし、こういった肉体レベルのセックスの喜びや楽しみは、そのままでは長く続かないのが通常です。

やがて停滞期を迎え、あらたな刺激、たとえば、変わった体位を求めたり、相手を変えたいといった誘惑が出てきたりします。このようなときに、停滞期を抜ける抜け道や解決策はあるのでしょうか？

実はこれを、二人の関係やセックスが次の段階に進む機会、と見ることもできるのです。セックスを肉体のみの接触や挿入、単なる性欲の解消ととらえていると、セックスも二人の関係性も深まりません。

たとえば女性の膣《ちつ》は、宇宙のように締まったり、緩んだり、広がったりするもので、プロセスとともにその収縮を味わうのが醍醐味《だいごみ》です。しかし男性のなかには、挿入の感度でいうと「きつい」ほうがいいと思い込んでいて、「彼女の体では満足できない」という人がいます。つまり、宇宙のような女性の膣をじっくり味わうというところまで性体験がいかないわけです。これは肉体レベルのセックスで止まっていることが原因です。

一方で、男性のペニスが大きくて挿入が苦痛という女性もいます。そういったことは悩みを相談しづらいため、抱え込んでしまい、さまざまな問題に派生していきます。

たとえば、目の前のパートナーでは満足できなくなって、外に相手を求めるようになることもあります。しかし、外でセックスするにはお金も必要になるので、お金の問題も起こってきます。夫婦の間で生じる秘密は、お金や愛の流れを妨げる大きな原因のひとつです。

感情レベルのセックス

感情レベルのセックスとは、こころとこころがつながるセックスのことです。

今までよりも、こころを通わせ、情緒的なつながりを感じながら行う、まさにメイクラブ、「愛の営み」なのです。こころを通わせることでお互いが持っている不安や、距離感、また痛みを癒やし合っていくことができます。

女性なら、かつての性にまつわるいやな体験や、流産や中絶などのつらいことも、夫の深い思いやりによって軽減されていくでしょう。こころがつながることで、お互いの感情もつながって、もっと二人のつながりが密になり、愛や絆が深まっていきます。
また、セックス以外の分野で二人の関係が親密さを増したときに、セックスの質も変わり、素晴らしいセックスを体験することもあります。

比較や競争をしていると、セックスの自然な流れが止まってしまいます。比較とは、前のパートナーと比べる、比べられているのではないか、と心配するというようなことです。競争とは、たとえば相手にセックスを求めて拒絶されると、負けた感じがするというようなことです。負けたくないので、たとえ欲求があっても我慢して後ろを向いて寝てしまいます。

表だってけんかをしているわけではなくても、相手に降参したくないために、セックスをしたいにもかかわらず、相手に思い知らせてやろうと、自分もあきらめざるをえなくなってしまうのです。そうしているうちに、セックスが好きだったということすら忘れてしまう場合もあります。こういう場合は、セックスを求めているほうが弱い立場になります。セックスの欲求が強いほう、つまり相手に魅力を感じているほうが、弱い立場になったと感じて欲求自体を切り離してしまい、セックスを遠ざけようとしてしまうのです。

これらのことはすべて過去からベッドに持ち込んできたものです。相手とつながり、理解しようとする意欲があれば、必ず新しいレベルに到達することができます。そこで待っているのは、長く愛を育んできたカップルだけに与えられる、親密で温かな愛の営みです。

愛が深まっていくような、癒やされていくようなセックス、自分にそういうことは起こりえないと思い込んでセックスを拒絶している女性もたくさんいます。しかし、そういうセックスなら体験したいと思いませんか？

スピリチュアルレベルのセックス

さらに進んでいくと、愛の営みが神聖な行為となっていきます。

セックスにおいては、女性が男性に甘美で深淵な愛のエネルギーを与えることにより、男性の根源的な欲求が満たされていきます。根源的な欲求とは、たとえば男の子が「お母さんに十分抱いてもらえなかった」というような、過去に満たされなかった欲求や傷のことです。

癒やされた男性は、単に男らしく英雄的になるというばかりではありません。女性が輝くことをこころから応援できる、成熟した男性に成長していきます。

お互いのなかに神聖な存在を見ることができると、もはや相手に変わってほしいとは思いません。また、この段階にくると、自然に性的な行為を卒業するカップルもあります。しかし、性的な行為のときと同じような一体感、慰め、喜びの実感は、常に二人にあります。セクシュアルエネルギーはベッドのなかだけでなく、芸術や創造性としても表現されます。

男性がまず癒やされる、そして女性はそのお返しとして男性からの献身を得られる、といったように、カップルはより深いレベルで癒やし合います。そして二人がひとつになるという体験をします。お互いに思いやりによって癒やされるのが、感情レベルですが、恩恵によってグレードアップしていくのが、スピリチュアルレベルです。

スピリチュアルレベルのセックスはエネルギーレベルにおいて満たされるセックスで、二人の間を愛が循環しているという感覚を得ます。セックスの最中、深い愛を持った女性は神聖なエネルギーをベッドに持ち込むことができるからです。

それはまるで、女性の膣から出てきた男性が「母なるところに還《かえ》る」といった感覚といえるでしょう。地球に生まれた赤ちゃんは、思いどおりにならないことが多いのですが、そこから子宮に戻る、受け入れられていて守られているという感覚。そういう安心感を男性に与えることができたら、男性は彼女を離さないし、癒やされ、健康的になれるのです。

それはあまりにも深遠な喜びのエネルギーのため、この段階にくると、男女ともにコントロールを失って、自分が自分でなくなってしまうような怖れを感じることもありますが、許しやコミュニケーションによってそれを超えていくことが可能です。

隠したがる女と知りたがる男

パートナーとの関係において、日ごろからどれくらいコミュニケーションがとれていると思いますか？

「比較的とれているほうじゃないかしら……」
「いやいや全然話ができていない」

ここでもさまざまな思いがよぎるかもしれませんね。
お金においてもセックスにおいても「話しづらいな……」と感じたとき、そこには何かしらの感情が隠されている場合があります。

パートナーと、お金やセックスといった感情が揺さぶられやすい話をするためには、まず自分自身のお金やセックスに対する怖れやこだわりに、自分で気づくということが大切です。自分で自分の感情に気づき、手放し、責任をもって癒やすことは、自分が成長することにほかなりません。

思い込みや感情を手放した分だけ、相手とのコミュニケーションが楽になります。セックスをしているとき、相手とは暗黙のコミュニケーションが起こっているので、自分や相手を知るうえで、二人の関係にとても役立ちます。

カップルや夫婦の成熟度は「お金とセックスに関するコミュニケーションがどれだけうまくいっているか」に表れる、といっても過言ではありません。

お金とセックスの話を、夫婦間、カップル間でなかなかできないのは、シャイで自信がないということも大きく関係しています。

特に日本人にはシャイな人が多いですから、お互いに相手を誘うことにためらいを持ち、その結果、年間のセックス回数が最下位争いになってしまうのも、うなずけるところです。シャイなだけでなく、お互いのいやな感情に触れたり、認めたくない自分に直面するのが怖くて話せないという側面もあります。お金とセックスについて話すということは、相手と生身の姿で向き合うということなのです。

しかし、それができずにいると、夫が借金で首が回らなくなって「実は……」とはじめて重たい口を開くことになったり、浮気や不倫が発覚したりと、深刻な事態となってしまう場合もあります。

夫に借金を隠されていると、妻は借金そのものよりも「自分に打ち明けてくれなかった」という裏切りに怒りや悲しみを感じます。そうなってしまうと、第三者に入ってもらわない限り、解決は難しくなります。

夫婦のカウンセリングをしていると、お金については女性は知りたがり、男性は隠したがるという傾向が強いです。一方、セックスについては、女性は隠したがり、男性は知りたがるというふうに逆転します。

また、セックスにおいては、男性は経験があるふりをしなければならないと思い、女性に自分の本当の嗜癖《しへき》や、してほしいことをいえなかったり、女性にどうしたらよいのかを聞けないという悩みをよく聞きます。

女性も、パートナーに自分のしてほしいことや嗜癖をいえないという人が多いようです。話し合いをしないので、お互いにどうしてほしいのかわからないままで、満足できない、相性が合わないと悩んでいます。なかには「一人でしたほうが気持ちいいから」と女性に隠れて自分を慰めたり、風俗や浮気のほうが気兼ねしないで楽でいいと思ったりする男性もいます。

「男性が浮気や不倫をするのは、男の本能としてあたりまえ」というあきらめに近い考えもありますが、それだけではないでしょう。「シャイで自分に自信がなく、パートナーと話し合いができないから、ほかの女性に意識が向く」という見方をすることもできるのではないでしょうか。

ビジョン心理学の創始者、チャック・スペザーノ博士は、「男性は、本当はセックスのやり方も意味もわかっていない」といいます。「セックスのことを何も知らないから教えてね」と女性にジョーク混じりに伝えて話し合うのが一番、スムーズにいく秘訣だそうです。

しかし、実際にそれができる勇気ある男性は少ないものです。だから、「パートナーシップの鍵を持っているのは女性」となります。女性が、リーダーシップをとり、タイミングをみて「セックスについて自然に話をする」という状況をつくっていくことができれば素晴らしいですね。また相手のダメなところを指摘して直そうとする攻撃的な話し方ではなく、お互いのいいところを見つけてその部分を伸ばそうとする愛の視点からの話し方や、遊び心を取り入れる、といった工夫が必要でしょう。

セックスについての話し合いでは、お互いにどうしてほしいのかを伝えられるようになることが重要です。自分は本当はどうしてほしいのか、どうされるといやなのかを、テーブルの上に置くようなイメージで出し合い、お互いの違いを認識して受け入れます。このプロセスは、とても素晴らしい経験になります。

たとえば、妊娠して「自分はセックスしたくないけど、相手に欲求が高まったときに、どのように思いやりを示せるか」ということは、その後のパートナーシップに大きな影響を与えます。女性の産中産後に男性がセックスで満たされず、そのことをずっと根に持っていて、セックスレスになるという夫婦も少なくないからです。

そこで、相手のセックスへの欲求について、どれだけ理解し、寛容になれるかが鍵です。

余裕がなかったら「今日はむずかしいけど、明日の朝ならできるわよ」と具体的にセックスする時間を提案するようにしていくと、相手も安心して待つことができるかもしれません。拒絶されたという痛みは軽減することでしょう。

最近の傾向として、男性もセックスに消極的な人が増えているようです。しかし、それはカムフラージュで、男性が自分でも気づいていない傷が原因であることが多いのです。

「過去に緊張して失敗し、女性にいわれた一言で傷ついた」

「セックスを拒絶されたことで自信をなくし、誘うのがおっくうになった」

「どっちみち僕は男性としては魅力がないから」

というように、自信がない自分を認めたくなくて、「俺はセックスに興味がないんだ」「性欲がなくなったんだ」と自分にいい聞かせ、セックスから遠のいたり、無意識のうちに仕事を忙しくしたり、風俗店に行ったりするようになってしまうのです。

どちらにしてもまずは、お互いに恥ずかしさを超えてコミュニケーションの冒険をしてみましょう。

こういうとき「幸せな結婚生活やパートナーシップ」を持っている友だちというのは、とても大事です。あなたがほかの人に魅力を感じたり、性的な誘惑を感じているときにも、どのようにふるまえばいいのかを教えてくれます。

私たちは、セックスに対して大きな誤解をしています。

それは「セックスをしたいという気持ちは恥ずかしいものだ」という固定観念です。恥ずかしい、といった観念を持っているのは、とくに女性に多いかもしれません。男性のなかには「恥ずかしがる彼女の姿がかわいい」という人もいるかもしれませんが、あまりにシャイだと、相手と愛でつながりにくくなるのです。

「セックスをしたい」という気持ちは、恥ずかしいものではなく、あなたの人生を豊かにする愛であり、生命力の源です。

セクシュアルエネルギーとは生命力でもあるのです。私たちは子どものころ、セクシュアルエネルギーの塊でした。無邪気で自由奔放な子どもについ目がひきつけられてしまうのは、彼らが生命力をありのままに表現し、生き生きとしていて、魅力的だからです。

そして、愛とセクシュアルエネルギーは、もともと同じものなのです。セクシュアルエネルギーを誠実に活用することで、私たちは若々しく、健康で、活力にあふれた毎日を送ることができます。

浮気、不倫、セックスレスの原因は同じ

「セックスの3段階のレベル」でもお伝えしましたが、浮気や不倫は、セックスが「肉体レベル」にとどまっていると起こりやすいのです。相手を自分の欲望や寂しさを満たすための道具と見なすようになってしまいます。それは同時に自分のことも道具として見ているということでもあります。「相手は自分の鏡」だからです。

自分の感情を切り離している状態では愛を感じることはできません。セックスが、感情レベル、スピリチュアルレベルにあると、体験は日々深まっていくので、飽きるということは起こらないのです。

セックスの問題を解決するには、自分という存在が愛そのものであることを思い出し、自分を幸せにすると決心し、責任を持ち、パートナーへ意識を向け、コミュニケーションをとることが鍵です。

まずはこころを開いて、目の前の相手とつながる意欲を持つことが最初の一歩です。こころとこころでつながると、相手の感情に共感することもできるようになります。そうやっ

て感情で相手とつながるコミュニケーションやセックスをすることで、温かさや、愛などの親密感を感じることができます。

こころとこころでつながる関係を築く、そのリーダーシップの鍵は、女性が持っています。女性は子どものころからおままごとやおしゃべりが好きで、人間関係を学び、練習してきているからです。

別の人に魅力を感じ、浮気の誘惑を自覚したら、その意識やエネルギーをパートナーに向けると、２週間以内にその魅力がパートナーに現れます。

本来は、**一人の人のなかにすべての魅力、要素があり、愛によってそれらを芽吹かせ、育むことができる**のです。これを知っておくと、ほかの人と浮気や不倫をする必要がなくなります。カップルの関係が滞ると、セックスレスや浮気に走るのは自然の成り行きと考えられがちですが、そうなる前に、二人の関係において、セックスライフの大切さを見直す機会を持ってみませんか？

セックスレスとお金の関係

「仕事が忙しくて、セックスどころじゃない」と考える人もいます。男性も女性も働いていて忙しいから、お互いに肉体もこころも離れてしまうということも珍しくありません。

しかし、セックスをすると疲れる、めんどうくさいというのは、「まぼろし」です。そもそも肉体レベルから感情レベルに進化せず、セックスレスが起こっているという場合がたくさんあります。

こころとこころをつなげるセックスをしていないと、「セックスは疲れる」と思ってしまうのです。

肉体レベルのセックスの場合、「疲れている」とか「相手を受け入れたくない」などと感じると、感情的にいやだと思ってしまい、相手を拒絶したくなったり、相手とつながることができなくなったりして、セックスができなくなることもあるのです。

たとえば、相手とつながる意欲を持てない理由のひとつに、仕事でストレスを感じていて、相手と距離を起きたくなるということがあります。仕事でのストレスや怒りを相手にぶつけて、傷つけてしまうのではないかと思うと、相手に近づけなくなり、離れてしまいます。

しかし、本来は、疲れていたり、悩んでいたりするときでも、セックスをすると癒やされ、エネルギーが湧いてきて精力的になれるのです。

セックスとは相手をどれだけ愛おしく感じているかのバロメーターであり、思いやりと共感によって癒やされるのが、感情レベルのセックスなのです。

セックスレスを放置しておくと、お互いの距離がどんどん離れていき、悪い意味で「自分のやり方」になっていくので、相手とのコミュニケーションがますます難しくなり、孤立していきます。すると、お金の面でも行き詰まりや問題が起こりやすくなってしまいます。男女それぞれの立場からのセックスレスには、次のような特徴があります。

女性側から始まったセックスレスの場合

女性側がセックスを拒絶する場合、男性は傷つき、怒りを溜め、お金を出ししぶるか、よそに別の女性をつくるか、残業や出張を増やす、趣味に凝るなどして家庭に寄りつかなくなる、などの形で反撃に出ます。ほかにも、病気になるという問題をつくることもあります。

お金とセックスでパワーが逆転している夫婦の場合、たとえばお金は夫が主導権を握っていて、セックスは妻が握っています。妻はいつでもセックスをノーといえるのですが、そうすると夫はお金を締めにかかるということが起こります。

「妻が足を開かないから、僕も財布の口を開けない」というわけです。

女性に稼ぎがあって、セックスも拒絶している場合は、家庭内外のパワーを両方とも女性が持っているので、男性はパワーを失って小さくなっていきます。この場合「どうしてあなたは成功しないの？」と女性が責め、さらに男性がパワーを失っていくという悪循環が起こります。

男性側から始まったセックスレスの場合

女性に拒絶されて傷ついたことにより、復讐しているという場合もあります。「あのとき意地悪されたから、僕ももうセックスをしないよ」という状態です。

生活のなかで、日中妻が夫に文句をいって責めていると、夫はげんなりして夜にセックスを求めたくなくなるというのも、よくあるパターンです。

たとえば自営業の場合、起業したてやお金がないうちは、お互いに助け合って、励まし合うので、仲がいいのです。ところが、夫が成功して会社が大きくなり、経理をしている妻がお金の使い道に口を出すようになると、それがうるさくてたまらなくなり、妻を経理から追い出してしまう、などということがあります。

そうすると、男性は自分の使っているお金についてとやかくいわれなくなるし、好き勝手にできるようになり、まわりにはイエスマンばかりを置きます。妻とのセックスを避けるようになり、愛人をつくり、仕事に身が入らずに事業が傾いたり、妻に見限られたりするというのもよくある話です。

また、女性から「夫にセックスの欲求がなくてセックスレスなんです」という悩みを聞いてカウンセリングを行い、男性に話を聞くと「以前、とにかく拒絶されたので、彼女がいやがることはしたくないから」という返事が返ってきたこともあります。

男性側からのセックスレスの場合は、女性が「私、なにかあなたに悪いことした？」という質問をしないと、解決の糸口がつかめません。

子どもがほしいからと排卵日にだけ夫を誘うのも、男性がセックスに興味を失う大きな理由のひとつです。自分は単なる「種馬」であって、妻に愛されているわけではないと感じ、自分から誘う気が失せます。不妊治療がきっかけで夫婦の間に溝ができる可能性も大いにあるので、お互いへの思いやりやコミュニケーションが不可欠です。

結婚して十数年たつのに、その間ほとんどセックスをしていないというカップルもいます。セックスレスが長くなると回復させるのはたいへんですが、そうなるのにも、何か理由があるのです。セックスレスを解消するには、自分や相手を責めることなく、思いやりを持って関わることが大切なのです。お互いを遠ざけてしまった誤解や過去の傷がわかれば、再びつながりを取り戻すことは十分可能です。

男性が自慰や風俗のほうが気楽で気持ちもいいと思っていたり、または、風俗に行き過ぎて、同じことを妻に求め、めんどうな事態に陥る、ということもあるかもしれません。こういう状態からセックスを復興させるには、女性側が根気強く、夫を旅行に誘ったり、デートに誘ったりして、二人の時間を持つことです。

ポイントは、とにかく夫に意識を向けるということです。彼に注目して、彼のことを最優先にしましょう。そうすることで、再びつながり、セックスレスを解消していくことができるかもしれません。

カウンセリングを進めていくなかで、セックスレスが自然に解消することもあります。

愛子さんの場合、子育てに忙しくしているうちに、夫は仕事が忙しくて帰ってこなくなり、出産後1年ほどセックスレスだったといいます。

「0から100%の間で、夫にどのくらい注目していると思いますか?」と質問すると、直感的な数字で「20%」という答えがかえってきました。そういうときは、まず、もう一度夫に注目し、ねぎらったり、褒めたりして、彼を承認するところから始めることをおすすめしています。

次の段階としては、二人きりで食事をすること。子どもがいてディナーが難しければ、ランチでもいいのです。子どもばかりに注目していると、夫に注目がいかないのと同時に、おしゃれをしなくなり、自分のケアを怠ってしまいます。

デートのときは明るい洋服を着たり、お化粧をしたりして、自分の魅力を発揮しましょう。そして夫の魅力や、してくれたことに承認や感謝を伝えましょう。

1回目のカウンセリングのあとに、具体的に感謝を伝えたり、承認することを続けていった結果、愛子さんからセックスレスが解消されたとの報告がありました。

愛子さんのように、ステップを踏みながら、夫との親密感をもう一度取り戻し、セックスが復活したカップルも多くいます。

仕事ばかりしていて忙しく、パートナーがいない。だからセックスもしていないという場合もありますよね。仕事では成功しているのだけれど、セックスがない。そういう人は、ある意味、自分で何でもできてしまう傾向にあります。

女性であればセックスがないということは、女性としての喜びを受けとっていないといえるかもしれません。どんどん男性化していることが原因のひとつです。セックスで受けとれるものは、愛されている感じ、温かさ、つながりなどたくさんあります。そういうものを受けとっている女性は、肌が輝いたり、はつらつとして、とても幸せそうに見えます。パートナーがほしいのにいない女性や、性的に満足していない女性は、自分でも人生が潤いに欠けていると感じていることでしょう。仕事で成果は出しているけれど、愛されている感覚や、内面的な充実感、満足感などを体験することは少ないかもしれません。何らかの原因で自分のセクシュアリティーを閉じてしまっているのでしょう。

なぜならば幸せとセックスはとてもつながっているからです。

もちろん、お互いがセックスなしの関係に同意している場合もあります。ただ、「セックスがなくてもいい」というカップルでも、セックスがないのには、何かしら隠れた問題を持っていることがほとんどなのです。

仕事の成功は手に入るけれど、パートナーやセックスは手に入らない、というのもひとつの思い込みによります。お金も愛も、セックスも幸せも、すべてを手にすることができるのです。

そうするには、楽しんだり、受けとったりする側面、つまり女性性が鍵です。**喜びを受けとる、という女性性を自分のなかに取り入れ、与えるという男性性の側面と、受けとるという女性性の側面のバランスをとることが大事**なのです。

COLUMN

性的トラウマ、性的痛みを癒やす

セックスから遠ざかっていく理由のひとつに性的トラウマを抱えている場合があります。たとえば、親のセックスを見たこと、初潮のときのいやな思い出、痴漢された経験や、性的虐待など、原因はいろいろあげられます。

その場合、傷を癒やすには、ふたつの「癒やし」が必要です。

ひとつめは「許す」ということです。

いやになってしまった原因であるトラウマや、最初にあった体験の相手、そしてその体験をした自分自身を許す、ということが必要です。初潮の体験の傷も許します。

ふたつめは、「痛みを解放する」ということです。

肉体的にダメージを受けたショックや痛みを経験した場合、そのとき自分の魂が自分の体のなかにいなくなり、逃げてしまったという体験があります。そういう場合はもう一度、あの場所に帰り、体に戻って痛みを再現し、感じていくことが大切です。あのときのあなたは小さかったからできなかったけれど、愛するパートナーや専門家などによる援助があれば、その傷を癒やすことができるのです。

許す意欲と、自分の失われた魂のかけらを取り戻し、パワフルな人間になると決めることで、癒やしが進みます。

痛みを理解し、あなたのペースで性的関係を持とうとしてくれる、愛と思いやりの深い男性がいるはずです。そういう男性を招き入れましょう。自分に意識を向けて、自分のしてほしいことばかり見ているとと、抜け道がわからないのです。たとえば、「セックスが苦手だからゆっくりお願いできるかしら」と話してみるのもひとつですよね。

　自分がセックスを拒絶しているという態度と「私は豊かな性生活を持ちたいのだけど、まだ癒やすべきものがあるの。協力してくれますか」という態度とでは全然違ってきます。どんなことでも癒やされるので「癒やされるという意志を持つ」ことが大切なのです。

性交の質が高まると人生の成功も加速する

セックスによって男性は愛する人を満足させることができるという自信を得、社会で成功するためのパワーを実感することができます。

　男性の生理と真理を理解していない女性は、疲れるから、子どもの世話でたいへんだから、などといろいろ理由をつけては、簡単にセックスを拒否しますが、「お金は稼いでほしい、でもセックスはさせない」では、男性の成功を期待することはできません。

また実は、女性のなかには、性的欲求が高まっているときに、それとは気づかず、相手にけんかをふっかける人も少なからずいます。なんだかイライラするなあと思ったら、そういえば最近セックスしていなかったとはたと気づく、という場合もあるかもしれません。

女性は、**イライラや不満、怒りなどの感情は、抑圧されたセクシュアルエネルギーが原因かもしれないと、正直に認めることが大切**です。自分の攻撃性を正当化しないよう気づきを持つことは、幸せで豊かな人生を送るための「知恵」ともいえます。もし、イライラしたり、わけもなく怒りの感情が湧いたりしたら、自分を振り

返ってみるとよいでしょう。

そう見ていくと、けんかをしてセックスで仲直りするカップルにとっては、けんかが前戯になっているわけです。気づきを持てば、けんかになる前にどちらかが相手をベッドに誘うこともできるのです。

相手の欲求やこころの声を聞く意欲が、相互理解を深める助けとなり、思いやりと愛にあふれた愛の交歓、メイクラブにつながっていきます。それはお金や健康も含め、さまざまな分野で二人の人生を限りなく豊かにしていくのです。

セックスが肉体レベルにとどまらず、ハートでつながっていくことで、性交の質が高まります。さらに、人生の成功も加速していきます。

つまり、性交の質が高まると人生がバランスよく成功していくといえます。

あなたは豊かな性生活を送っていますか？

相手とつながるということは、セックスでなくても、スキンシップでもいいのです。マッサージしたり、寝るまで一緒にいたり、相手が先に寝るときであってもつながっている感覚というのが大事です。具体的には「おやすみ」という言葉を交わしてハグしたり、目を見つめたりしてみましょう。

パートナーとの距離が離れたなあと思ったら「つながる」ということを選択するのです。それは豊かさを受けとっていくうえでも、幸せを受けとっていくうえでも大切です。

パートナーと愛でつながり、人生の豊かさを受けとるパイオニアになることです。誇りを持って、皆に「夢は叶うのよ。愛されて、豊かでいられるのよ」というインスピレーションを与えることができます。それは、決して小さなことではありません。

想像してみてください。世界中のカップルが毎日素敵なセックスをしているとしたら、世界はどうなるでしょう?

第４章

お金も愛も増やす「投資」

投資とは何か？

投資というとどんなイメージがありますか？
人それぞれ、さまざまな答えが返ってきます。

・難しそう
・自分には関係ない
・損をする
・危険
・投資して、増えたらいいけど減るのはいやだ
・ギャンブル性がある
・やってみたい
・やっているけれど、自信がない
・増えたらいいけど減らしたくない

そもそも投資という言葉自体、なじみのない方が多いかもしれません。投資信託など、せまい意味にしかとらえていない人もいるでしょう。

投資とは、自分の資源を活用して、その価値を増やすことです。資源ですから、家や車、お金や株などの、いわゆる「資産」になるものだけではありません。資格や経験、特技や技能、人間関係（ビジネスに限ったものでなく、安定した夫婦関係や家族関係、友人関係）、忍耐力、柔軟性や創造性などの性質も含みます。また健康な肉体や、若々しい容姿なども資源といえます。

自分にとって価値があることを見つけたら、そこへエネルギーを注ぎ、大切に育てることが投資です。それはパートナーシップにも応用できます。パートナーや子ども、友だちなど、自分にとって大切な関係にエネルギーを注ぐことも投資といえます。

あなたが大切にしていることは何ですか？

愛やお金を受けとることはもちろん、私たち人間は、さまざまなことに価値を見出し、幸せを感じる存在です。

この章では、自分の大切なものに投資し、幸せを増やしていくことで、日々の生活をより豊かにしていく方法をお伝えします。

人生で一番増やしたいものは何ですか？

「投資」によって、自分の人生の価値を高めましょう。

まず自分が何を大切にしているのか、価値観を明確にしていくことが重要です。

あなたにとって大事なものは何ですか？

ここで、あなたの人生の優先順位を明確にしていきましょう。たとえばお金よりも時間が大事な人、自分が自由でいることが大切、という人もいるでしょう。一方で、公私の区別をはっきりさせたい、10時から17時まで働き、あとは仕事のことは一切考えずに過ごしたい、という人もいるかもしれません。

自分が何を大切にするかによって、職業の選び方やライフスタイルも変わってくるでしょう。ですから、あなたの人生の優先順位を明確にしていくことが大切なのです。

ではここで、自分にとって人生の優先順位を7つ選んでみてください。左記のリストのなかから選んでもかまいませんし、新たなものを加えてもかまいません。

自由　健康　創造性　安全　安心　自己表現　お金　家　車　家族　子ども　パートナー
つながり　エンターテイメント　仕事　美しさ　冒険　友だち　旅行　癒やし　自己探求
会社　動物　自然　自己実現　食事　音楽　肩書き　ブランディング　権力　規律　モラル　流行　スポーツ　趣味　成長　好奇心　柔軟性　刺激

私にとって大切なものの優先順位は
1
2
3
4
5
6
7

ここで、優先順位の一番目に家族を選んだ男性がいます。

正男さんは、仕事でどんなに成功しても、冠婚葬祭や家族のことに時間を割けないような人生は歩みたくない、お金は生活に困らない程度あればいい、あとはプライベートを充実させる、とこころに決めました。

離婚や、忙しくて子どもとなかなか一緒にいられなかった経験などを通して、これからはもっと家族のことに時間を割きたい、家族を大事にしたいと思ったのです。今の奥さんもまた、その価値観を受け入れて一緒に人生を楽しんでいます。

でも、もしここで、奥さんが彼とは違う優先順位をつけていたらどうでしょうか。話し合い、歩み寄らないと二人の関係に亀裂を生じる可能性もありますね。

パートナーとの価値観の違いは、結婚したあとで明らかになる場合が多々あります。その違いに二人が気づいていないと、自分がよいと思ってがんばっていることが、全くむだになってしまう可能性が大いにあります。

折に触れて、相手の気持ちを尊重しつつ、お互いに譲れない部分はどこなのかについてよく話し合うことが大切です。パートナーや親兄弟など、生活をともにしている人と、一度優先順位について話してみませんか？

パートナーへの投資でもっと豊かに

パートナーがいる人にとって、一番利回りのよい投資先は、間違いなくパートナーです。男性は、見かけよりもずっと、女性からの注目や承認を必要としています。ですから、パートナーの価値を認め、エネルギーを注ぐほど、彼はあなたにとって、より価値のある男性に育つ可能性が高いのです。

パートナーとつき合い始めたころは、相手のよいところばかりが見えて、それ以外は盲目になってしまい、まわりの人が何を忠告しても気にならない、相思相愛の状態になります。あなたは相手に常に注目し、時間やエネルギーをたくさん投資していたことでしょう。しかし、この時期はそう長くは続きません。ほどなくして二人の関係にマンネリを感じたり、子育てや仕事で手いっぱいだと感じたりして、徐々に相手に対する要求ばかりが強くなり、自分のほうから相手に何かしてあげようという気持ちが薄れてしまうのが普通です。

でもそこで、「パートナーをもっと大事にしよう！」と意識することで、自分が選んだものの価値を「メンテナンス」し、「アップデート」することができるのです。

パートナーの成長や成功は、あなたの投資次第です。

たとえば、夫が事業に失敗し、さしあたって妻が家族を支えるという状況になったと想像してください。夫の事業の失敗に伴い、生活レベルを下げなくてはならないなど、対処しなくてはならないこともいろいろ出てくることでしょう。妻にしてみれば、失望やショック、責任感やプレッシャーなど、圧倒されるような体験の連続かもしれません。

そういう場合、私たちのクライアントには、文句を我慢せず、カウンセリングで吐き出してみるようすすめることもあります。相手はその場にいないので傷つくこともありません。そして、文句を吐き出し、自分の本音を探っていくうちに、家計を支えている妻である自分が、どこかで夫をバカにし、自分のいいなりにしようとしてしまっていたのだと気づくこともあります。自分の隠れた部分に気づくと、夫と張り合って負かしてしまうような、夫との競争を止めることができます。そうでないと、無意識に、豊かさを受けとることよりも、男性に勝つことを優先してしまうからです。

張り合うことを止め、助け合う関係を取り戻すには、コミュニケーションの時間を週に

1回、二人の時間を最低月に一度は設けることをおすすめしています。これは競争にエネルギーを注ぐという間違った投資を止め、正しいことに再投資することです。

なぜなら、夫や妻に批判や文句があったり、こころのなかに邪魔するものがあったりすると、二人が同じ方向を向けないからです。二人の方向性が一致し、同じ方向を向いているからこそ、協力して問題を解決していけるのです。

投資の仕方としては、もう一度相手の存在を第一優先にして彼を力づけること。そして、彼に対する文句が出てきたときは、相手に感情をぶつけず、自分の体験を落ち着いて伝えることなどが効果的です。なかでも、彼が自信をなくしているときに、彼の才能やあなたが尊敬しているところな

どを伝えると、パートナーは前に進む勇気が湧いてくるのではないでしょうか。

デートをして二人だけの時間を持つことも有効でしょう。二人が近づくとお互いの関係が改善されますが、それは仕事にも影響します。お互いに納得するまで話し合い、協力することで、仕事の面でも前に進むことができるのです。問題があるときこそ、二人が近づくことが大切なのです。

パートナーと生きる人生100年時代

人生100年時代を迎えている今、60歳、70歳になったとき、あなたは人生をどのように過ごしていきたいのでしょうか？

たとえば子どものいる人は、子育てが終わったあとの、パートナーと二人の生活のことを想像したことがありますか？　そのときに、どうやって一緒に時間を過ごしていいのかわからないというふうにはなりたくないですよね。

また、夫は妻と旅行に行くなどして余生を楽しみたいと思っていても、妻は家族のために長年時間を割いてきたのだから、これからは社会に出ていきたいと思っているかもしれません。

価値観や嗜癖が同じでなくても、二人で楽しく生きていくために、次のようなことをしておきましょう。

・共通の趣味を見つける
・定年後の生活についてオープンに話し合う

こういったことも将来のための、大切な投資のひとつです。

お互いのライフスタイルを尊重しつつ、お互いの価値観を話し合って理解を深めていくことが大事です。特に、相手の気持ちを考えずに、自分のやりたいことを押しつける傾向のある人は、要注意です。夫の退職後、かねてより一緒に旅をしたいと思っていた妻が、海外の旅行パンフレットを見せると、「老後は俺の故郷で暮らそう」などと、予期せぬことをいわれ、切ない思いをするということも起きかねません。

転職や定年、子育てが終わるタイミングなど、ライフスタイルが変わるときは特に、誰がメインで稼ぐのか、相続はどうするのか、お互いの親との関係など、しっかり話し合っておきたいところです。

たとえば、定年を迎えた男性はずっと働いていたので、これからはもっと別のこと、たとえば資格をとるとか、新しい勉強をしたいなどと思っているかもしれませんし、女性は子育てが終わって、もう一度バリバリ働きたいと思うかもしれません。二人の意思疎通がとれていれば、スムーズに生活のスタイルを変化させていけます。しかし自分や相手の希望を分かち合わずに遠慮していると、思わぬ問題が出てくる可能性があります。

二人にとって何がうまくいくのかを柔軟に考えて、お互いの意見を分かち合うことが大事です。

パートナーに投資する「はじめの一歩」

パートナーに投資するためには、まず「相手がどんな考えを持っていて、どんなことを大切に思っているのか」を理解する、ということが最初のステップです。二人にとって大きな買い物をするときや、人生の転機を迎えるときは、特にそれが大切です。そういった、お互いの理解が曖昧だったために、けんかが起きてしまうこともあるからです。

たとえば、せっかく家を建てたのに通勤に遠くなってしまい、夫は帰ってきても疲れてしまって何もしないため、家族から煙たがられるなどということになってしまったら本末転倒ですよね。だったら、お金がかかるときは通勤圏内で生活して、子どもが巣立ってから二人で家を建てるという選択肢もあるわけです。

「奥さんがうれしそうな顔をしたから」と無理に家を建てても、結局35年のローンを背負い、通勤もたいへんになり、自分はその家を楽しむことができなかったら、「おまえが建てたいっていったから」など、逆にけんかのタネになることもあります。それに、夫が万一転勤になったときには、「自分は単身赴任を余儀なくされるだろう」と、家を建てたことを後悔するかもしれません。しかし、ここでもお互いに何が大切なのか、優先順位を明確にして話し合うことができれば、軌道修正も比較的簡単にできるのではないでしょうか。

お互いに何が大切で、何が一番心地よい状態なのか、分かち合うことも大切な投資です。二人の価値観は違うかもしれないけれど、相手への理解が深まると、お互いに納得してその選択に責任を持つことができるからです。

自分にとって何が大事か？
パートナーにとって何が大事か？

まずは、二人の優先順位を明確にすることです。そして、話し合い、理解することで、二人が同じ方向を向けるのです。二人で協力して計画すれば、何をするにも幸せの方向へと向かいます。

話し合いが足りないことにより、カップルの優先順位があいまいで、二人の関係が危機的状況になることもあります。たとえば女性の場合、仕事を始めたことをきっかけに仕事と夫と、エネルギーを注ぐ対象が増えた結果、うまくいかずに離婚寸前になることがあります。

アロマの仕事を本格的に始めた圭子さんの場合、今までは子どもやご主人にエネルギーを注いでいました。そこに新たに仕事という投資先が増え、エネルギーが分散し始めました。

そのうち、優先順位の一位が仕事になってきました。子どもが少し大きくなってきたこともあり、自分の時間を自由に使って家を空けることが多くなりました。家でもパソコンの前にいる時間が増えたのです。すると、家族のコミュニケーションも減って、夫も嫌味をいうようになり、家のなかの雰囲気がどんどん悪くなっていると感じるようになります。仕事でお金を稼いでも、夫は喜んでくれない。逆に夫の態度が悪くなってきて、彼も仕事が忙しく、帰りが遅くなってきたというのです。圭子さんは、夫に足を引っ張られていると感じ始めました。彼に魅力を感じなくなり、このまま結婚生活がうまくいくのか心配ですという相談でした。

しかし、本当に彼が足を引っ張っているのでしょうか？

男性は、自分への注目が減り、パートナー自身の仕事の比重が増えていることに対して文句があるだけなのです。ですからこの場合、**夫への投資を一番にすることで、すべてがうまくいきます。**

仕事をしているのに、どうやって夫を優先順位の一番にするのでしょう？　たとえば二人でデートをしたり、ゆっくり過ごしたりする時間を週に一度はつくってみませんか？

「仕事もあるのに、そんなにうまくできない！」という声がどこからか聞こえそうな気もしますが、完璧にやる必要はまったくないのです。ほんの少しの努力、出かける前の優しい一言が、長い目で見ると、大きな花を咲かせるのです。これこそが利回りのよい「投資」

といえるでしょう。

ほとんどの男性は、女性が働くことをいやがっているのではなく、女性に輝いていてほしいと思っています。ただ、自分に対する注目が減ることがいやなのです。ですから、エネルギーの配分をもう一度見直してみましょう。子どもにもう少し自分のことを自分でさせるようにするとか、テレビやパソコンの前に座る時間を少し減らして、5分でも10分でもいいですから、パートナーに完全に意識を向ける時間をつくりましょう。

パートナーのいやな部分への投資

パートナーに魅力を感じなくなったら、パートナーへの投資が少なくなっていることに気づいてください。

株式投資をやっている人は、株価にいつも注目していますよね。あなたのパートナーの「株価」は、今上昇中ですか？　下降気味ですか？　株価が下がっているときでも、注目していたり、隠れた才能やよいところを見つけたり、安らぎを与えたりすると、男性は元気になり、パワーも上がっていきます。そして男性は、自信を回復するに従い、あなたの仕事にも協力してくれるようになります。

いろいろな投資先があっても、まずパートナーに投資することが、豊かさへの早道です。多くの女性がやってしまいがちな、間違った投資の順番に、子ども→仕事→趣味→夫というのがあります。そうなると、夫へ投資している配分が減ってしまうということになります。ですから、まず「パートナーとの関係づくりを最優先にする」ということを念頭に、夫にエネルギーを与えることで、豊かさを手にすることができるのです。

パートナーの魅力がないところ、下がっているところは、自分が投資していない、注目していないところです。そこにもう一度注目してエネルギーを投資すると、素敵な人になっていきます。

結婚した当初はすごく魅力があったのに、最近は全然魅力がないというのは、自分がパートナーへの投資をさぼっているから魅力を感じられないのです。ですから、自分がパートナーに魅力を感じていないときこそ、パートナーに投資する、ということをおすすめします。

おつき合いを始めてしばらくすると、パートナーの今まで気にならなかったことが気になり出したことがありませんか？

つき合い始めたときは、「よく気がつく」というところが魅力だったのに、細かいことばかりをいう、神経質な人に感じ始めたという女性もいます。

彼が変わってしまったのでしょうか？

いいえ、違います。彼は同じ人です。

パートナーは鏡です。相手の気になる部分というのは、実は自分自身にもあることなのです。たとえば、細かいところに気づいてくれる人だと思っていた彼の魅力が、だんだん神経質でうるさく思えてきた場合、自分自身のなかにもそういったことがないか、今一度見つめることをおすすめします。なぜなら、自分のなかにないものは、相手にも見えないからです。

ですから、ただ相手を批判するのではなく、自分に気づかせてくれたととらえ、遠ざかるのではなく、近づいていくことが大切です。相手も自分も、両方受け入れていくと、彼にも優しくなれます。そうすると、お互いに別の魅力を開花させていくことができます。

一方、自分の価値が認められないと、誰かがせっかく自分に魅力を感じてくれても、なかなか受けとれない場合があります。自分を見つめて、自分の魅力や才能を認めていくと、彼の愛を受けとりやすくなります。すると見方が変わって「彼は素敵だな」というふうに変わっていくのです。彼の愛を受けとって彼に感謝し、投資していくことで、二人の関係は深まっていきます。

夫婦の豊かさは、投資次第。それはお互いにパートナーに投資するのが一番利回りがよいのです。高利回りとは、「パートナーとの絆が深まって、そのなかに幸せや喜びがどんどん入ってくる」ということです。

自分と性格の違うパートナーへの投資

どちらかが浪費家で、もう片方が金銭的援助をしているという場合はどうでしょうか。

一般的に、浪費家タイプは自由人で、人に命令されたり、指図されたりすることがとても嫌いです。何でも思いどおりにしたいと考える傾向の強い方が多いようです。

また逆に、援助をしている立場の方は、なんとか自分の思いどおりに相手をコントロールしようとします。しかし、うまくいきません。

この場合、相手は変わらないのだ、と受け入れることです。そのうえで、自分が相手とどのようにつき合っていくかを決めるのです。それは、これ以上援助をしないと決めることも含みます。また「相手のその部分は、抑圧されていて自分でも気づかない、自分の隠れた部分であること」を理解すると、落ち着いて対応することができます。自分は決してパートナーのように浪費家ではないと思っていても、パートナーの浪費は、自分が気づいていない自分自身のひとつの側面なのだと思うようにしてみるのです。

そこで、その隠れた性質を自分のこととしてとらえるために、以下のような質問を、あえて自分にしてみましょう。

・自分が、パートナーのように浪費家だったのはいつでしたか？（あなたはそのころの自分を許していないのかもしれません）
・なぜ、パートナーにそんなふう（浪費家）であってほしいのでしょうか？（何かあなたにとって都合のいいことがあるはずなのです）
・人生のなかで、パートナーのようだった人は、家族にいましたか？（パートナーをどんどんその人のような人として扱い、そうすると問題がかえって大きくなるかもしれません）

このような質問を自分に向けていくと、相手のせいでうまくいかないと思っていた部分が、そうではなく、自分の責任でもあると視点が変化します。

たとえば、相手がお金の問題を持っていることで、お金に問題のない自分のほうが優れていて、相手より優位に立ったつもりになっていたのだ、と気がつくかもしれません。パートナーの行動や言動は隠れた自分の意識である、という見方をすることで、自分への気づきが深まり、それを見せてくれた相手への見方も変わってきます。

相手を変えようとすることなく、自分も相手も受け入れることで、相互理解が深まります。相手を許すこと、自分を受け入れること。そうすることで、相手のいやな面を変えようとするのではなく、自分自身を映し出してくれる鏡として見ることもできるのです。そういった気づきも、二人が快適に過ごすために必要な投資となるのです。

投資の成功例「夫とのリラックスタイムが鍵」

夫との何気ない時間を一緒に過ごしている志穂さんの体験です。

普段から、夫が寝つくまでの1、2時間、何もしないで一緒にボーっとしたり、他愛のないことを話したり、別々に本を読んでいたりと、ただ一緒に過ごすことをこころがけているそうです。

あるとき、リラックスして一緒にいると、夫が「会社をつくろうと思う」と、突然いい出しました。さっきまでふざけていたのに、急にまじめな話になって驚きましたが、夫に聞いてみると「夕飯を食べているときにいおうと思っていたけど、いえなかった」ということでした。

男性は、いいたいことをなかなかいえず、タイミングを図っているということも、実はよくあることなのです。

「夫はいつもと同じように見えたけど、なかなかいえずにここまで持ち越したのだなと、はじめて気がついた」という志穂さん。

しかしこういうとき、夫自身もまた、「自分で自分の気持ちに気づいていない」ということもあります。この場合、一緒にいることでリラックスし、話せるところまで波動が上がってきて、やっと口に出せたのです。それまでは本人が、「重くて話せないな」と自覚していたわけではないのです。もし志穂さんが、仕事が優先になっていて、彼と寝る前に一緒の時間を過ごせないでいたら、彼はいい出すまでに、さらに時間がかかっていたかもしれません。

投資のしがいがあったのは、彼がいいたいことをいえた、そして、その時間を一緒に過ごせた、というところです。つまり「夫と一緒にいる時間」、それが投資なのです。男性にとっては一緒にテレビを見ているとか、部屋のなかにただいるということが、実はとても大事なことなのです。リラックスしているときに一緒にいて、自分のプレッシャーについて話すことができるというのは、彼が大事なことを話せる貴重な時間です。

そういった大事なとき、人生の何かを決めるときなど、分岐点にいてくれる女性が、男性にとってはかけがえのない存在になります。そういう女性を男性は絶対に離しません。

たとえば、「仕事を辞めても大丈夫。きっと、もっといいものがくるから」と妻がいったとします。すると、男性は「もっと稼ごう」とか「積み上げてきたものをだめにしちゃいけない」といった、プレッシャーから解放され、妻の「いいんじゃない、大丈夫よ」という言葉に励まされ、こころから大丈夫だと思えるのです。そして、それがパワーになっていきます。

しかし、忙しくてそういった投資ができない女性も、最近では多いのが現状です。そういうときは、アイロンをかけながら、片づけをしながらなど、一緒に家事をするように誘ってコミュニケーションをとるのもよいと思います。意識や気持ちが相手に向かうように、彼の話を聞きながらできる仕事ならいいでしょう。

パソコンやメールなど、気持ち自体がそちらにいってしまうことをしながら話を聞くのでは、彼に投資できているとはいえません。

鍵は、「エネルギー、意識の注目」が彼に向いているかどうかです。男性にとってはそれがすごく大事なのです。「エネルギー、意識の注目」を妻がしてくれないと、愛人のところや、夜の街など、話を聞いてくれる、エネルギーを与えてくれる、意識を向けてくれる、人や場所に行ってしまいます。

よくありがちな間違った投資

パートナーに投資するのにもいろいろな方法があります。

女性側の思い込みに、「男性は、女性が作ってくれる手料理を待っている」というものがあります。何時間もかかって、一生懸命料理していたとしても、夫はそのとき、本当はハンバーガーが食べたいかもしれません。

夫が妻の手料理を好きで、本当につくって待っていたことを感謝してくれる人や、妻自身が料理をつくるのが好きであれば、つくればいいですよね。しかし本当は料理よりも、「優しい言葉をかけてほしい」とか「セックスをいっぱいしてほしい」という場合があります。男性がそう思っているにもかかわらず、女性側の「良妻賢母の神話」により、料理をがんばり過ぎてセックスするエネルギーが残っていない、というのはありがちな話です。

自分のしていることが、本当に相手のためなのかどうかを、もう一度よく見てみる必要があります。つまり、自分の考えではなく、**相手にとって必要なことであり、望まれているやり方で投資をする**というのが鍵なのです。

「なんでこんなに婚活がうまくいかないんでしょうか」

婚活で良妻賢母修行にいそしむ由紀子さんのお悩みです。話を聞いてみると「ネイルもしているし、料理教室にも通っているし、ファッションにも気を使っているんです」と、うまくいかない婚活に疲れている様子。

実は、男性は本当のところ、女性のネイルにはあまり興味がない人が多く、むしろ嫌いな人もいるくらいです。あえて止めてほしいとも思わないけれど、あまり関心がないといったところでしょうか。相手に好かれるために一生懸命やっているこれらのことは、男性側からしたら、逆にお金がかかりそうな女性だな、という印象を与えてしまいます。

さらにいえば、男性にとって料理はできないよりはできたほうがいいかもしれませんが、そんなには大きな問題ではないこともあるのです。

女性のなかに「女性らしさ＝料理」の勘違いがあるのかもしれません。せっかく婚活に投資しているつもりでも、肝心の男性がそれに興味がなかったら、そんなに効果的な投資とはいえません。

お金のことで人生をあきらめない

投資の用語に「損切り」という言葉があります。これは損失を最小限にとどめるために、損失が少ない段階で身を引いたり、あきらめたり、辞めたりすることをさします。

すぐれた経営者は、引き際を知っています。将棋の香車《きょうしゃ》のように、前にいくことしかできないというのは、リーダーとしては決して優れているとはいえません。駒でいうと、王将や歩兵のように、前にも後ろにも動けること、また小まわりをきかせることも、時には必要です。

会社を例にあげると、事業を始めるときよりも、閉めたり、縮小したりするほうが、ずっとたいへんです。たとえば、会社の支出が多く、うまく会社がまわっていないときに、最小限にとどめるためにはあえて損切りして、規模を縮小する、会社をたたむ、などの判断が大切になります。チャンスがきたら大きくしていくなど、そのときの流れをみて、柔軟に決断していくことが重要なのです。

ここで、がんばれ、がんばれと、引かずに踏みとどまると、問題が大きくなることが往々にしてあります。お金が必要になるだけでなく、病気になったり、思わぬ出来事が起きたりします。さらにそれでも引かずにいると、人生そのものをあきらめてしまう方向にいきかねません。

たとえば、パートナーがストレスのせいでこころの病気になり、会社に行けなくなったとしましょう。そんなときパートナーに、「辞めてもいいわよ。1年くらいなんとかなるから」「家を貸してアパートに住みましょうか?」などといい、一緒に別の道を考えるというのは、二人がうまくやっていくうえでとても大きな力づけになるのではないでしょうか。「もっとがんばって」と、前に進む以外の選択肢を与えず、パートナーを追いつめてしまうと、病気がひどくなるかもしれないし、パートナーはあなたに愛されていない、理解されていないと感じるかもしれません。こういうときこそ、相手に寄り添い、愛を注ぐことが必要です。気前よく、根気強く関わることが、パートナーへの最高の投資なのです。

お金やキャリアの問題が起きたときは、パートナーシップを最大限優先しましょう。パートナーとのコミュニケーションをこれまで以上にしっかりととり、二人で納得のいく形で解決していくことが鍵です。ここでもう一度、何が大切なのかをしっかりと考え、「名を捨てて実を取る」ということが肝心です。

プライドや見栄ではなく、本当に大切なことを選びとっていきましょう。そういったことを落ち着いてやっていけば、どんなことでも乗り越えていけるのです。「前に進む以外の方法はない」と思うと苦しくなりますが、「こんなふうにもできるんだ」と、いろいろな道を考えると、生き方に柔軟さが出てきます。

日常の損切りとは、引き際です。いったん引いて、また次につなげていくことです。何があっても、取り返しのつかないということはないのです。どんなに借金がたくさんできても、必ず救済措置というのはあります。

恋愛などで、別れを決めるときも見極めが大事です。たとえば、10年以上も恋愛関係が続いてしまうと、お互いに恋愛を越えた愛着が湧きます。また女性に結婚願望がある場合、なかなか別れることができないものです。

しかし、あなたにとって本当にほしいのは何かを、もう一度見つめてください。

「自分は幸せになる」。その視点で考えたら、彼との関係についても損切りすべきか、投資を続けるべきか、二人の行く道が見えてくるのではないでしょうか。

投資が増えるほど、幸福度も増大する

パートナーへの投資についてふれましたが、自分への投資についても見てみましょう。

ここでいう自分への投資とは、外見を磨くための投資ではなく、こころを磨くための投資です。**自分の価値と投資には関係があります。**セミナーや、カウンセリングなど、こころのメンテナンスを行って、こころを健康にしていくこともそのひとつです。

何かを勉強したり、興味のあることに挑戦したりするというのも、自分を向上させる投資ではないでしょうか。ほかにも、自身を健康に保つこともそのうちに入ります。

意識していなくても何かに投資しているということは、実はよくあることなのです。楽しみながら夢中でやってきたことや、ボランティア活動などで身につけた経験が、あとになってキャリアに結びつくなどがよい例です。

私たちが関わっているビジョン心理学では、パートナーシップのあり方を学ぶと同時に、人生の挫折や失敗から受けとれることを深く学び、自分自身が受けた傷を癒やしていきます。そのため、失恋や、失業をきっかけにビジョン心理学を学ばれる方もいます。癒やさ

れた結果、こころが開き、思わぬ才能が開花することもあります。自信がつき、魅力が増して、新しいパートナーやビジネスチャンスを受けとる方も少なくありません。

自分の価値を自分で認めることができないと、人に認められようとがんばりすぎたり、必要以上に人に認めてもらうことばかりにエネルギーを投資してしまいます。本来の自分を生きるのではなく、他人に自分がどう思われるかを気にして、自分自身を変えようと努力する人が多いのですが、これでは、なかなか幸福度は上がりません。

自分に対する投資のナンバーワンは、自分の価値を認めて愛することです。そのままで価値があると認めていくこと、自分を愛することで、自分の魅力が増して幸福度が増大します。自分を受け入れ、許し、価値を認めていくことを、とても難しく感じる人もいるかもしれません。

人は皆、たくさんの才能を持って生まれてきています。それだけではなく、その才能を周囲の人たちに与えにきているのです。ですから、今パートナーがいないという方は、自分自身の魅力や才能が開花するよう、自己投資することをおすすめします。自分の価値を認め、自分の才能を発見し、それをまわりの人に与えていくことで、自分の株価が上がり、その自分を愛してくれる人に出会う扉が開くことでしょう。

これは余談ですが、独身女性で「これから結婚したい」と思っている人にあまりおすすめできない投資が、マンションの購入です。その理由は、女性のマンションに引っ越して一緒に住もうという男性は、まだまだ少ないということがあります。そこまで女性に合わせられない、あるいは男の沽券《こけん》にかかわると感じる男性が多いのです。

もうひとつの理由には、マンションを買うときにはどこか「一人でも生きていけるように準備する」ところがあるからです。そこには「パートナーができないというあきらめ」がないか、深い部分での自分のこころの動きをみたほうがいいでしょう。

口では「パートナーがほしい」といっていても、マンションを買って、一人でいることに備えてしまっていては、そういった現実を引き寄せかねません。

独身の人で、もう結婚はしないだろう、子どももつくらないだろう、と考えている場合でも、助け合えるようなコミュニティはあるか、親の家を継ぐのか、誰かと家をシェアするのか、先々のことまで見据えていくと、自分にとって何が大切で、どんな投資をすればいいのかが、自然に明確になるかもしれませんね。

もちろん、人生は何が起こるかわからないものですが、優先順位が明確であれば、自分にとって大切なもののために投資していくことができるのです。

愛に投資するのか？　怖れに投資するのか？

現代ではほとんどの人が、「怖れ」につかまっています。

・パートナーが自分を裏切ったらどうしよう
・自分や家族が病気になったらどうしよう
・仕事をくびになったらどうしよう
・どうせ自分を愛してくれる人なんていないんだから、婚活してもしょうがない
・自分のやりたいことなんてできるわけがない

まだ見ぬ先のことや、起きてもいない出来事を予想して、不安や怖れにエネルギーを注いでしまうことはよくあることです。不安や怖ればかりを考えて、そうなったときの対策や、現実に起きてもいない出来事を予想することも、怖れにエネルギーを投資していることになります。過去に起きた出来事を引きずり、またあんなふうになってはいやだと、一

歩踏み出すのを止めてしまうということもあります。

そのように、知らず知らず、怖れに投資しているということはよくあることなのです。

では、愛に投資するとはいったいどういうことでしょうか。夢を描き、目標を持ったり、他の人のための幸せを願ったり、楽しいことや、喜び、感謝に意識を向けていくことです。

愛すれば愛するほど、愛は拡大していき、無限に増えていくのです。

何に投資しているのか、というのは、お金を通して何を見ているのか？　ということでも知ることができます。お金を通して愛を体験したいのでしょうか。それとも、怖れを体験したいのでしょうか。

お金がいっぱいあっても不安な人もいるし、お金がそれほどなくても気にしない人もいます。怖れを選択している人は、人と自分を比較して「隣の人は貯金が３０００万円だけど、私は１００万円しかないから不安」などと、人と比べてしまったり、今あるものに目がいかず「自分は持っていない」と、ないものに注意を注いでいるのです。

その不安は本当に役に立つものなのでしょうか？

愛を選択し、愛を経験していくには、まずは「ある」ことに対する感謝がスタートです。

たとえばあなたの年収が３００万円だとします。それを「３００万しかない」と思うか、

「３００万ある」と思うかで、今あるものに感謝し、そのお金を楽しみ、活用できるかどうかが変わってきます。

「なんで自分はこれしか稼げないんだ」と文句ばかりいって、会社の被害者になり、怖れに捕まって不安だらけになっていくような生き方と、今あるものに感謝しながら毎日を楽しんでいく生き方と、どちらを選びたいでしょう。

自分の選択の違いによって、人生は大きく変わっていくでしょう。幸せで豊かだということは、お金の額とはあまり関係ないことかもしれません。今あるものに感謝することで、今を楽しみ、幸せを受けとることができます。それが愛への投資であり、愛はどんどん増えていくのです。

あなたの財産はお金だけではありません。あなたにあるものを数えてみましょう。**あなたの持っているものを愛しましょう。その価値を認めましょう。**

COLUMN

投資と寄付の違い

大きな意味での投資について考えてみることも、投資の法則を理解するうえで助けになるかもしれません。

私たちは、それほどお金に余裕がないときから、飢餓や貧困を終わらせるために寄付をしてきました。寄付とは「未来への投資」です。ですから、私たちは自分たちのことを「寄付者」というより、「投資家」と考えています。

私たちの活動のひとつに認定NPO法人こころのビタミン研究所というものがあります。真に豊かな世界を創るというビジョンを実現するために、「からだの飢餓」と「こころの飢餓」をなくそうという理念で活動を行なっています。そのなかに、バングラデシュやハイチへの支援があります。小学校や、医療センター、職業訓練校などを建設し、その国で人々が自立するために援助を行なっているのです。現在定期的に貢献してくださる会員が350人以上います。

投資家とは、自分のしている援助が効果的かどうか、資源が確実に増えているかどうかを、見極めている人のことです。ですから、視察を行ったり、定期的にミーティングを持つなどして、現地の人たちが確実に自立に向かっているかどうかを確認し、会員にもしっかりと報告しています。アイディアやフィードバックを提供することもあります。

そこが寄付者と投資家の大きな違いといえるでしょう。

地球上に貧しい国があると、そのつけが自分のところにもふりかかってくるというのは、ＥＵの状況を見てもよくわかります。発展途上国を助けてその国に力がつけば、いつか素晴らしいビジネスパートナーとなって、我が国の発展にも役立つでしょう。グローバルな視点で世界と自分との関係をとらえることも、投資につながります。

結婚が最大の投資のわけ

結婚はどんな金融商品よりも、確かな成功をつかむことができる投資です。

理由はたくさんあります。一人暮らしでかかる家賃や光熱費は、二人で暮らしてもほぼ一人分と変わらない金額です。つまり、一人あたりにかかる金額は半分になるということです。なんと経済的なんでしょう！　加えて、一人分の食費よりも、二人分の食費のほうが割安です。その分貯金ができますし、二人で趣味や旅行も楽しむことができます。

また、一緒に生活することで助け合い、幸せを味わうことができると、仕事へのやる気も倍増します。パートナーと歩み出すことは、一人でいるときと比べると幸せや豊かさが数倍になるわけです。こんな投資はほかにありません。

しかし、幸せになるために一緒になったのに、どこからかけんかが始まり、二人の距離が離れていってしまうカップルが多いのも事実です。そうなると、投資は低金利どころか、元本割れしてしまうかもしれません。

共働きの家庭も増えています。お互いに休みなしに働いて二人で稼げば、家族をもっと幸せにできると思ってがんばります。しかし、パートナーがリストラされたり、親が病気になったりと、人生には何が起こるかわかりません。普段から二人で一緒にいる時間をつくり、親密で対等な関係を築いていれば、何があっても賢く乗り越え、幸せで豊かになっていくことができるのです。

再婚同士は、過去の学びを生かすことができるという点では、経験上、投資先の見極め方も上手かもしれません。前の結婚からパートナーへの投資の重要性についてしっかり学んでいれば、お金にも愛にも恵まれた人生を築くことができるでしょう。

再婚同士の内村さんカップルは、結婚する前、お互いがそれぞれにビジネスをしていましたが、なかなか売上も伸びず、悩んでいました。

結婚後は、二人の関係を第一優先にし、なんでも話し合い、けんかをしては仲直りし、お互いに学び合い、成長し続けました。そして、仕事の分野でもお互いをサポートするような関係になりました。すると、お互いのビジネスにチャンスがやってきて、二人は同時に成功し始めたのです。

まずはパートナーとの関係を見直しましょう。何がうまくいっていないか見つめて方向修正することによって、そこに仕事の成功もついてくるのです。

絶対に成功する投資ポイントはここ！

結婚しない人が増えていますが、この現実をなんとか変えたいと私たちは思っています。結婚こそが確かな成功をつかむことができる投資だからです。

しかし、誰と結婚しても成功できるわけでないことはいうまでもありません。確かな成功を手に入れるためには、それにふさわしい結婚相手を見つける必要があります。

どのような相手があなたを成功に導いてくれるのでしょうか。

それは、「伸びしろ」のある人です。これこそが、独身の方が見極めるべきポイントなのです。伸びしろとは、誠実で柔軟かどうかということです。今はあなたの目から見て価値がないように見える「底値」でも、伸びしろがあれば、投資のしがいがある「優良銘柄」なのです。

婚活中の早織さんは、長年結婚できずに悩んでいました。おつき合いを始めた男性に物足りなさを感じ、結婚を迷っていたのです。そこで私たち二人のカウンセリングをカップルで受けたのですが、私たちの意見は同じでした。彼には、伸びしろがあり、投資しがいのある「優良株」でした。なによりも早織さんをこころから愛しているというところが、おすすめだと見たのです。

私たちは彼女に、彼との結婚に大賛成だと伝えると、彼女は結婚を決めました。結婚相手としてさらにおつき合いを深めていくと、痩せて頼りなく見えた彼は実はスポーツマンで、趣味もたくさんある魅力的な人だったのです。セックスでは経験も少なく、うぶな二人でしたが、愛によってどんどん魅力と才能が開花し、誰よりも素晴らしい性生活を体験しています。会うたびに「幸せです」とのろける二人です。

どのようなところをチェックするかというと、男性に柔軟さがあるかどうか、誠実かどうか、それから、その男性に才能があると思えるか、などです。

もし、相手の伸びしろが見極めきれなかったら、いろいろな人に相手を見てもらいましょう。友人、おせっかいなおばさん、同性である男性の意見も大事です。結婚していて幸せなカップルに相談するのもよいでしょう。

彼に対する女性の投資とは、彼の柔軟性や才能を、承認や励まし、思いやりなどで、伸ばしていくということです。それに一番適した時期は、男性が彼女にぞっこんなときです。パートナーシップの初期にあるラブラブの時期が一番いい時期といえるでしょう。

たとえば、こんなことをいってしまってもよいのです。

「踏み込んだ話を聞くけど貯金してるの？　よかったら、今から二人の貯金を始めましょうよ。私、招き猫の貯金箱買ってきたから」

「今日は、お酒を飲まない日にしない？」

など、女性が二人の関係をよくするための提案をすることに、彼がどのくらい耳を傾けてくれるか、ということも重要なポイントです。

そのとき、男性が彼女の好みに合わせているということではなく、「自分のことを考えてくれているんだな」と感じていることが重要です。そうすると女性の提案に、男性も「そうだよね。二人のためだよね」と、変わっていくことができ、成長していけるのです。「私と結婚したいんだったら、それはダメよ」など、彼が間違った方向に行きそうなとき、ノーといってもいいでしょう。それをいったときに、相手がどの程度素直に柔軟になってくれるかというのが、「伸びしろ」ということになります。

女性も未熟さ、わがままから「私のいうことをききなさい」というのではなく、お互いのためにどうすることが将来的に最適なのかを考えて提案していくこと、それが未来への投資につながります。

「勘違い投資」に要注意！

ここで、女性が投資と勘違いしやすいことをあげてみます。

女性は、ラブラブな時期を長引かせたくて、相手に合わせたり、犠牲になったりして、本当にいいたいことをいわずにいることがあります。

捨てられるのではないかという怖れから、本当はもっと相手にもしてほしいのに、それをいえずに家事を引き受けすぎて、自分を犠牲にしてしまうというのもありがちです。相手につくすことが投資だと勘違いすると、無理をして結局は怒りが溜まるばかりで、遅かれ早かれ、けんかや破局に発展してしまいます。

また、彼が飲みすぎていても、機嫌が悪くなるのを怖れて何もいえずにいるのも同じです。その結果、相手が体を壊して二人の関係に暗い影を落としてしまうこともあります。

彼の機嫌をうかがい、本当にいいたいことをいわずにいることが二人のため、と勘違いしがちですが、そうではありません。二人が幸せになっていくために必要なことは何なのかを伝えること、そして、お互いに話し合うことが、二人の関係への投資なのです。

持っているお金を増やすために、投資先、投資の時期を見極めることが大切なように、パートナーシップにおいても、正しい投資時期、投資先、投資の方法があります。賢い女性は過去の経験から学び、そういったことを身につけているのです。

第５章

お金も愛も手に入れる「福女」

「福女」とは何か？

自分が得た豊かさをまわりにも与え、まわりがどんどんよくなることによって、結果的に自分がさらに幸せになっていく、幸せの循環を起こす人が福女《ふくおんな》です。

福女は、明るい太陽のようなエネルギーで、相手に安心感や信頼感を与えたり、人のいいところを見つけたりすることができる存在です。だからまるで福の神のように、いるだけで、幸せと豊かさの循環が起きていきます。

福女というのは、意識が外に向いているので「あなたの服の色、きれいね」「ご家族の具合はどう？」「週末は何をしていたの？」と、ほかの人を気遣う言葉が自然に出てきて、まわりの人はあたたかい気持ちになります。

自分だけではなく、ほかの人にも意識を向けているので、よく気がつくし、気が利きます。それが職場であれば、プロ意識も手伝って、仕事の段取りや流れも明確です。人の役に立ちたいという思いが強いので、その場所や状況で、自然にふさわしい行動がとれるのです。

そういう人は「今日はこういう一日にしよう」と、頭のなかで充実した一日を思い描いていたり、この状況をよくするためにどうしたらいいのかなど、建設的な思考を働かせたりしています。「あの人は何もしてくれない」と人のせいにするのではなく、「自分にできることは何だろう?」という意識が強く、それが行動にもつながっているのです。

ですから、自分はもちろんのこと、まわりの人たちにとっても福の存在になっています。福女と一緒にいると、まわりの人は、励まされたり、安心感を与えられたりして、自分本来のよさ、実力を無理なく発揮することができるようになります。すると、物事が自然とうまくまわっていき、愛や豊かさを徐々に受けとれるようになるのです。

あなたのまわりに、福女といえるような人はいますか?

たとえばこんな人です。

・その人と一緒にいると運がついてくるように感じる
・仕事や家事にやりがいを感じ、楽しんでいる
・プロ意識が高い
・人を慰めたり、力づけたりするのが上手
・自分を大切にしている

・上手に人の助けを借りることができ、自分で抱え込まない
・たいていの場合機嫌がよく、幸せそうに見えるが、悩みがあるときは打ち明けてくれるので、自分も困っているときに相談しやすい
・その人がいると家庭や職場の雰囲気がよくなるので、まわりの人たちはやる気や勇気が湧いてくる
・向上心があるので、そばにいると元気をもらい、自分も向上心が湧く
・パートナーを大切にし、承認している
・パートナーとのセックスを深め、楽しんでいる
・感謝を表現できる
・間違いだと気づいたら、自分から素直に謝れる
・自分の弱さや欠点を笑えるような、余裕やユーモアがある
・女性としての魅力にあふれている
・年齢にかかわらず若々しい

だれもがその女性と関わりたくなる、そんな人が「福女」です。右のような女性が友人

であれば素晴らしいことですが、あなた自身が福女であれば、いうことはありませんね。
愛とお金を手に入れるには、あなたがそういう存在であることが大切です。

反対に、文句ばかりいっていて、一緒にいるとうんざりしてしまう人もいますよね。出てくる言葉が否定的であったり、消極的であったりして、こちらの気持ちも沈んでしまう人。こういった人たちは、福女ならぬ、「不幸女《ふこうおんな》」です。

不幸女とは、お金もパートナーシップもうまくいかないと文句をいうばかりで、自分からは何もしません。自分がおかれている状況や、相手からの行為に感謝できません。不満だらけですから、もちろん今の状況を幸せだと感じることもありません。

むしろ、「もっと、もっと」と欲ばかりが先行しているので、今ある幸せに気づくことができないのですね。だから、幸せがどんどん逃げてしまっているのです。

たとえば、もしあなたのパートナーが一日の仕事を終えて帰宅したとき、あなたの機嫌が悪く、出てくる言葉がぐちや不満だらけだったら、パートナーはどんな気持ちになるでしょうか。疲れが倍になってしまいますよね。顔を合わせれば、出てくるのはネガティブな話ばかり。これでは疲れもとれないし、朝からやる気も出てきません。当然、仕事にも影響が出てくるでしょう。

ほら、不幸のスパイラルにはまっていく様子がうかがえませんか？　不幸女といっしょにいると、幸せから遠ざかってしまいます。

福女と不幸女のエネルギーの違い

一緒にいるだけで元気が出て、やる気が湧いてくるエネルギーと、一緒にいるだけで疲れてゆううつになってしまうエネルギー。一見すると目には見えないのですが、まわりへの影響は大きく違っています。

私たちは、いいことがあればご機嫌、いやなことがあると不機嫌になる存在です。でも、実は反対なのです。**ご機嫌でいるから、さらにいいことが増えていくし、不機嫌でいるといやなことをどんどん引き寄せます。**世界はあなたの鏡なのです。

福女とはご機嫌な人、不幸女とは不機嫌な人、といっても過言ではありません。

不機嫌な人は、「被害者」です。うまくいかないのは、まわりの人や状況のせいだと決めつけています。自分以外の何かしらのせいにしていると、実際に誰かが自分にひどいことをしている、という体験をすることが多くなります。給料が安いのにこき使われている、税金が高い、パートナーの稼ぎが少ない、子どもを塾に入れるためにパートに出ているのにちっとも成績が上がらない、など。

その人にとって人生はまわりの人や状況次第なので、自分の人生を築いていくパワーが出てきません。自分の思いどおりにならないと、がっかりしたり、怒って仕事を放り出したりして、粘り強さに欠けています。意識が自分へと向いているので、自分ばかりがこんな目にあっていると思い込み、状況が好転していきません。

しかし、実際は、自分で選択することができますし、人生を思った方向に進めていくパワーがあるはずなのです。

ご機嫌な人（福女）は、自分の人生を自分で構築できると確信しています。自分が変えられないところを嘆いたり、自分の理想に執着したりしてもしかたがないとわかっているからです。そのような部分に意識を向けるのではなく、自分が変えられることを考え、行動に移します。

今、自分のおかれている環境や状態が満足できるものでなければ、どんなに小さなことでも、まず自分ができることをしようと考えます。そうして自分が望む状況を「自分の手」でつくり出すのです。

まず「自分を幸せにする」と決めてください。そうしたら、どんなことがあっても自分を幸せにするためにできることがあるはずです。自分を幸せにするのは自分自身であると決めたら、自分の幸せを他人まかせにすることはできないでしょう。

ご機嫌な人（福女）は、「自分を幸せにするのは自分」であると確信しています。自分を幸せにするのは自分、自分を不幸にするのも自分、だから人生を構築していくパワーはすべて自分にあるのです。

自分を幸せにするのは「自分」

自分を幸せにすると決める——簡単なことのようですが、実際にそうしている人は、そんなに多くはありません。資格を得る、昇進や昇給を目指す、婚活や妊活をするなど、とりあえずの目標を立てる人はたくさんいますが、根本的に自分を大切にしていないと、いくらがんばっても幸せを受けとることはできません。

自分を大切にするとは、自分のこころや体の声に耳を傾けることです。世間が決めている成功を追い求めても、自分自身が本当にそれを望んでいなければ、本来の自分が取り残されてしまいます。その場合、せっかく資格をとっても活用せず、あるいはやってみたけれど、それが自分のやりたいことではなかったと気がつくこともあります。自分と他人を比較して、競争心から何かをやろうとしても、それが自分の進みたい道ではなかった、という結果になってしまうこともあります。

「女性として自分は足りないから」「自分は頭がよくないから」という自信のなさから、料理や語学を学ぼうとする場合も同様です。自分が本当にやりたいからやっているのではなく、「これが成功、これが幸せ」という、世間の枠にとらわれていると、本当の自分が求めているもの、ありたい状態から遠ざかってしまいます。

あなたを幸せにできるのはあなただけです。まず幸せ、そしてお金を含む他の人からの愛、それらをすべて自分の人生のなかで受けとると決めてみましょう。

自分が幸せになる、幸せでいると決めると、どんなことが起きても人生の舵を幸せなほうへと切っていけるのではないでしょうか？

「何があっても幸せでいる」そういう人のまわりには、自然と幸せなエネルギーが出ています。そのエネルギーは自然に伝染し、まわりの人も幸せにしてしまうような連鎖が起きていきます。

「人間万事塞翁が馬」ということわざがあります。人生で起きるさまざまな出来事を、よいこと、悪いことと決めつけるのは無意味であるということです。

福女は、知ったかぶりをすることもないし、むやみに物事を決めつけたりはしません。

何があっても大丈夫と思っているかのような、人生に深い信頼を寄せている人、喜びのエネルギーにあふれた人、そしてまわりの人とお互いにいい影響を与え合っています。

自分だけでなく、まわりにも福女を増やせば、確実に豊かな人生につながっていきます。

あなたもそんな幸せの連鎖を起こすような福女になりませんか？

福女になるには？

福女になり、パートナーとの親密感が増すと、お互いに愛がたくさん入ってきます。すると、なぜか同時に、成功体験がたくさん起きてくるのです。

ぜひ福女になって、愛と成功を受けとってください。福女になるにはいくつかのポイントがあります。

ポイント１　お金と愛は「遠近両用眼鏡」で見る

「遠近両用眼鏡で見る」とは、今と未来を同時に見ていく、ということです。

今している選択、行動の積み重ねが未来に影響するのと同時に、この先、自分がどうなっていたいのか、そのために今どうすべきか、という未来から今を見ることが、「今」という時間にもまた、影響を及ぼしています。

ですから私たちは、今だけでも未来だけでもなく、両方を見すえて、お金と向き合っていくことが大事です。将来の生活のために資産運用や貯金をすることも大切ですが、楽しく充実した今の生活を送ることも大事、その両方が大切なのです。

今と未来を両方しっかり見る、これが遠近両用眼鏡です。遠近両用眼鏡で見るには、今や未来、自分やまわりも見るという、さまざまなバランスが大事になります。

先のことを考えずに「今さえよければいい」といった発想で、あるお金をすべて使ってしまったらどうでしょうか。「今」はいいかもしれませんが、それでは先々貯金もなく、その日暮らしの生活になりかねません。将来への準備も含めて、先のことを考えることも大切です。

「今」という視界から「将来」にまで視野を広げていくことで、「今」と「将来」、両方の安心や幸せを見つめることができます。

人生の今と将来、そして自分自身と周囲の人たちといった、時間、空間の両方を、遠近両用眼鏡で見るようにしましょう。そうすれば、気づきが広がり、今まで見えていなかったことに気づくことでしょう。

情緒面では安心感が増して、ちょっとしたことで迷ったり、悩んだりしなくなります。遠近両用眼鏡で状況を見るようにすると、気持ちに余裕が出て、仕事面でも集中でき、葛藤が減って楽に成功しやすくなります。

今に対する意識しかなくて、やみくもにお金を使うと、将来が不安になります。かといって「将来の生活が不安だから」といつもやりたいことを先延ばしにしてケチケチしていると、今、という人生そのものを楽しむことができなくなってしまいます。

今から、30年先の人生を見てみましょう。子どもがいる人は自立しているでしょうし、もしかしたら、夫婦のどちらかが定年を迎えているかもしれません。

30年先、あなたはどんな人生を歩んでいたいですか？

あなたは、今とは違う仕事をしているでしょうか？

たとえば、親を看取ったあとや、子どもが育ったあとの生活はどうでしょうか？

引退後の人生をどう楽しんでいくか、視野に入っていますか？

仕事から自由になり、ボランティア活動に精を出したい、という方もいるでしょう。あるいは、避暑地に別荘を持ちたい、これまで十分にできなかった趣味や芸術の世界に没頭したいなど、それぞれの夢や希望があるでしょう。

私たち二人の共通した希望のひとつとして、「30年たっても夫と楽しく一緒にいられる関係でいたい」というのがあります。何年たっても夫への愛情を感じているということは、私たちが幸せな人生を送るうえで大切な要素なのです。

折に触れて、20年後、30年後どうなっていたいかに思いをはせ、今と未来の両方に視野を広げることで、今やるべきことや、自分が本当は何がほしいのかがわかってきます。

そうすると、今を楽しみながら未来に対する安心も同時に手に入れることができるようになります。今も未来も楽しめたら、自分の人生の彩もより鮮やかになっていくでしょうし、より充実した人生を歩めるのではないでしょうか?

ポイント2　自分のなかの「男性性」と「女性性」のバランスをとる

男性でも女性でも、誰のなかにも、男性性と女性性というふたつのエネルギーがあります。これらのエネルギーが、時と場合によって優位性を発揮し、その人の人間性が形づくられます。男性性、女性性には次のような特徴があります。

男性性とは……与える、行動する、稼ぐ、結果を出す、変容させるなど
女性性とは……受けとる、育む、待つ、受け入れる、直面するなど

一人の人間のなかに存在する、このふたつのエネルギーのバランスがとれていることが、福女になるための大切なポイントです。

女性でも男性性の強い女性がいるように、男性でも女性性の強い男性がいます。

今の世の中は、稼いだり、目に見える結果を出したりと、男性性が優位の傾向がありま す。ずっとパートナーシップに意識を向けずに、仕事ばかりがんばってしまうような女性は、男性性が優位であることが原因かもしれません。社会が男性性に偏っているので、そのなかで認められようとして、女性でありながら男性のつくったルールのなかで成功を追い求め、バランスが崩れてしまっているのです。

これは社会全体のゆがみであり、女性性を復興して、男性性と女性性のバランスをとることは、人類の大きな変容といえます。私たちひとりひとりが女性性を取り戻すことが、家庭が、企業が、日本が、世界が、男性性と女性性のバランスをとるための第一歩となり

ます。

ここでいう女性性を一言でいうならば、花の蜜のようなものです。女性性のもつ、あふれる甘さや芳醇《ほうじゅん》さは、まるで、桃を濃縮したネクターのようです。女性性の豊かな人がいるだけで、その場が潤います。凝り固まった考えや人間関係でのストレスなどが溶けてしまうような、潤滑さが感じられるようになります。そんなふうに甘さ、芳醇さにあふれた女性こそ福女であるといえるでしょう。

これまでの、仕事で成功している多くの女性のように、男性と張り合い、男性以上に働き、パートナーを持つのもなかばあきらめて仕事だけの生活をしている、というような道では女性性は活かされません。女性として生まれ持った才能を花開かせ、花の蜜のような甘さ、芳醇さで人間関係を円滑にし、その場所に潤いをもたらす道、それこそが女性性ならではの貢献です。

バリバリ働いていてもそこには潤いがある――そんなふうに、職場や家庭での雰囲気を大事にできるのも女性性です。

女性性がもたらすものはそれだけではありません。潤いをもたらすというソフトな面だけではなく、ときには慣習を超えて、勇気を持って真実の方向に進むためのアプローチをする、というのも女性性のリーダーシップです。そこには、部下の話を聞いて企業内の隠れた問題点を見つけたり、汚職、セクハラ、パワハラをあばいたりと、真実ではないことに反応して声を上げていく力があります。家のなかでもそれは同じで、家族やまわりへの愛から、女性は時として勇気ある行動をとります。普段は大人しくても、おかしいと思ったことは勇気を持って表現する女性もいます。

映画やドラマで私たちが感動するのは、女性が（時に男性も）女性性から勇気を持った行動をとったり、直観を受けとって人々を助けたり、というシーンが圧倒的に多いのではないでしょうか。

女性性には、現実に直面していく力があるのです。このように、愛する人や組織を真実の方向へ導くのも女性性の貴重な役目のひとつです。愛されている実感や、幸せを感じることなども、女性性の領域です。思考よりもひらめきに従うという経験も、女性性の開花によるものです

女性性の感性が開いていくと、自然に女性性と男性性のバランスがとれていきます。女性性が開くことで、愛や幸せが入ってくるスペースができ、パートナーも受けとりやすくなります。

バリバリ働いていたキャリアウーマンが、パートナーができたり、子どもが生まれたりすることをきっかけに、それまでの生き方がガラリと変わるということはよくあることです。そういう場合、仕事のスタイルを変えたり、休みをとったり、今まで自分がやっていないことにチャレンジしているので、とまどいが出てくるかもしれません。しかしそこには、育む、受けとるといった、あと回しになっていた女性性の部分が、まさに育まれているのです。そこには今までとは違った、喜びや幸せ、感動を味わう経験もあるでしょう。そのように**自分の女性性の価値に気づくと、男性のなかにある女性性を育てたり、認めたりすることも、上手になります。**

子どもを育てることができるということは、人を育てることにもつながり、それは育む力として自信にもなります。最近では、女性以上に育児に専念する男性が増えています。それは部下を育てる力となり、仕事の力にもなるでしょう。

男性が子育てに参加したり、育児休暇をとったりすることは、一見社会的な成功からは遠回りのように感じるかもしれませんが、**幸せや豊かさを受けとっていくうえでは、むしろ近道**といえるのです。

女性たちが豊かな女性性をもち、さらに男性のなかの女性性を育むことができると、日本がみんなにとって本当に暮しやすい国になっていくのではないでしょうか。

女性性を成熟させることが福女の鍵となります。

ポイント3　人と比べない

日本人は人口密度が高いせいか、人とあまり違わないように、人と摩擦を起こさないように、気をつけながら生きている人が多いように見受けられます。

問題は、成功や幸せ、豊かさの定義が画一化されているようなところがあることです。女性（男性）とはこうあるべき、という考えもいまだに根強く残っており、幸せや自由を受けとることの大きな妨げになっています。

たとえば婚活についてですが、結婚相談所では、男性は、自分より「年齢が下である」「収入が自分より低い」「背が自分より低い」女性を求める傾向にあると聞きます。これは、自分や相手の可能性を極端に制限してしまう、まことにもったいないものの見方です。

以下は、そのような枠の外に飛び出して、本当の幸せをつかんだ女性の話です。

友だちのパートナーをあれこれと品定めしてきた明美さんは、自分は友だちにうらやましがられるような結婚をして、まわりをあっといわせたいと、密かに考えていました。

実は彼女には数年つき合っている男性がいたのですが、自分の理想とするクールなビジネスマンとはまったく違うタイプだったので、なかなか結婚に踏みきれなかったのです。ですが、あるとき仕事のしすぎで倒れると、献身的に介抱してくれた彼に対し、その愛情の深さに感謝の気持ちが芽生えてきました。

それまでの彼女は、自分よりもキャリアで成功していて、野心の強い男性に惹かれていました。ですが、そういう男性はいつも仕事第一でしばしば約束を破ったり、彼女に対する思いよりも自分の体裁を保つことに興味があるようでした。そういう男性は派手でつき合いも広いのですが、仕事でいつも女性に囲まれていて、彼女は心配で仕方なかったのです。やきもちを焼くといやがられ、徐々に遠ざけられて最後には振られてしまう、というパターンを繰り返していました。

今度の彼は、彼女がカリカリしているときでも、いつも穏やかに話を聞いてくれます。一緒にご飯を作るのが好きなので、とてもリラックスできます。そんな彼といると、彼女は自然と機嫌のいい日が増えてきました。

あるとき、自分が居心地よくいられる相手である彼こそが、彼女にぴったりの男性である、と気づいたそうです。そう気づいた彼女は、自分も彼にとっての「福女」になりたいと思いました。

彼は好きなことを仕事にしていて、家で仕事をすることも多いのですが、まわりの男性に比べ、うだつが上がらない、と自分のことを見ているようです。しかし彼のことをよく見ると、ていねいにお客さんと関わり、優しく、皆にきめこまやかに接しています。彼女は彼のよさを、どんどん発見できるようになっていったのです。

そんな彼に彼女がすべきことは、彼の価値を認めてあげること。「あなたはそのままで素敵だと思うわ」といったら、彼はどんなにか勇気づけられることでしょう。

彼のように自信がない男性でも、あなたが彼の真の価値を認め、「私はあなたがいい！」といえば、もうあなたは即、福女になれるのです。あなたはバリバリと仕事をして、家に帰れば、癒やし系のパートナーがいます。なんて幸せなのでしょう！

福女への道を妨げるもの

なぜ福女になりきれないのか？

自分が機嫌よくいることも意識するようになり、男性性と女性性のバランスも整えました。しかし、それでもまだ福女になるのに、妨げになっているものがあるとしたら、それはいったい何でしょうか。

1～4章では、愛やお金を受けとれない原因として、さまざまな思い込みや未完了の否定的な気持ちがあることをお伝えしました。その思い込みや未完了な感情が生まれたきっかけに、「両親との問題」というのが隠れています。

私たちは、親に対する不満を多かれ少なかれ持っていますが、親も自分なりのやり方でベストを尽くしていたのだと「理解」して「受け入れる」ことが大切です。

両親との関係に、子どものころから悩んでいる人もいるでしょう。加えて、「自分の家族には問題がない」と思っている人でも、実は深いところに傷を抱えているということもあるのです。

もしあなたが「親のことを悪く思うのはいけないことだ」とか「両親はせっかく自分を育ててくれたのだから、感謝すべきだ」と思っているとしたら、改めて自分自身を見つめてみる必要があるかもしれません。もちろん、本当に愛と感謝しかないのなら、それは素晴らしいことなのですが、私たちが自分にそう言い聞かせているだけだとしたら、もっと**自分自身に正直になる必要がある**のです。

子どものころ、母親にかまってもらえなかったことや、父親が厳しかったことなど、親に対する批判やうらみなどの気持ちを、私たちは多少なりとも持っています。そのころの親との関係性が、現在も人生のなかで繰り返し影響を与えています。

たとえば、父親に「高校時代、自分のやりたいことを反対された」ことに恨みを持って家出し、自分の好きなように生きられるようになったとはいえ、なぜか仕事やお金の面でうまくいかない人がいます。

あるいは、母親が過干渉で、何でもコントロールしてくることに反発を感じ、彼女からの愛情を拒絶して自立、キャリアウーマンになったものの、稼いでも稼いでも満たされず、ストレス解消に散財してしまい、豊かさをなかなか受けとれない、パートナーシップもうまくいかないという人もいます。

どちらにしても、両親との関係が影響しています。親が自分の思いどおりにならなかったことに、こころのどこかで反発していたりすると、結果的に人生が立ち行かなくなってしまうことがあるのです。

なかには、「親のいうことを聞いていたら、自分の人生もっとうまくいったんじゃないか」とモヤモヤしている人もいることでしょう。過去のすべてに対し、親のせいではなく、「自分がその道を選んだのだ」と、責任を持つこと、そしてうまくいかない人生を歩む自分を責めるのではなく、許すことで、親との関係が改善されるのです。

稼いでもすぐに別のことに使ってしまってお金が貯まらないという寛子さん。お父さんは公務員、お母さんはパートと、両親ともに仕事を優先させていつも忙しくしていました。一緒にいられる時間は楽しく過ごしたかったのに、ああしろこうしろと口うるさく干渉されてしまい、反発心もあったといいます。両親からは「公務員になって安定した生活をしなさい」といわれてきましたが、反発して公務員ではない仕事を選び、何度も転職を繰返して、お金のトラブルが続いています。自分で会社を起こしてはダメにするという、安定とは無縁の生活を送っていました。せっかくお金を稼いでも使ってしまい、結局はいつもお金がないという状態です。結婚しても、お金の管理がうまくできず、夫にもいつも責められているそうです。

この場合、両親に対する反発心が、夫にそのまま引き継がれています。

まず第一にすることは、両親を許していない部分を見つけ、許すことです。また、手持ちのお金が少なくなって不安になり、つい夫に相談すると、自分のお金なのに夫に小言をいわれ、よけいにしょんぼりしてしまうということもありました。この場合は、夫が自分の父親と重なって見えてしまい、寛子さんと夫のパワーバランスが崩れているので、夫と対等になることがふたつめの解決の鍵です。

両親を許し、夫への見方を変えると、本当は両親から十分に愛されていたことに気づき、寛子さんの浪費癖、お金に対する自信のなさも次第に解決していきました。

お金の問題は両親との関係が影響する

父親と母親とでは役割やエネルギーが違います。

父親は「与える」エネルギーですので「稼ぐ」ことに響き、仕事やキャリアに影響してきます。仕事で成功したい場合、お金の問題を持っている場合は、父親との関係を見直すことが大事です。自分のなかに、父に対してどういう思いがあるかをチェックしていくと、父との関係が見えてきます。許していない部分があれば、許していくことで父親の愛をもう一度受けとることができ、仕事やお金の問題も解消されていきます。

母親との関係もまた、あなたの人生に大きく関係しています。母親は「受けとる」エネルギーですから、愛や豊かさをどれだけ実感できるかといったことや、パートナーシップやお金をどれだけ受けとれるかということに影響します。母親との関係が未完了だと、人間関係で喜びを受けとることに難しさを感じます。パートナーとの親密な関係を築くには、母親を許し、母親との関係を改善することが大切です。

父は与える、母は受けとるという男性性と女性性の原理を表します。与えているのに報われていない（受けとれていない）という体験をしている場合は、母親との関係を見ればいいということになります。

両親へのさまざまな思い込みや、未完了の感情を見つけ、そこから自由になることで、今までとは視点が変わり、別の見方ができるようになります。本当は愛があったと気がつくこともあるでしょう。両親からの愛に気づき、感謝できるようになるとエネルギーの循環が生まれます。愛もお金もエネルギーですから、循環があるところに豊かさが入ってくるのです。

自分を癒やして、両親を許すこと、親に感謝することが豊かさの鍵です。

お金の問題がある方は、親に小さな贈り物をしてみましょう。感謝の言葉だけでもいいですし、親の結婚記念日に温泉旅行をプレゼントする、ていねいに感謝の気持ちをカードに書いて贈る、好きな食べ物を贈るなど、無理をせず、できる範囲で構わないので、プレゼントをしてみてください。

あなたの豊かさを受けとる扉がきっと開きます。それ以上に、両親の喜ぶ顔を想像しながら贈り物をすると、実はずっと両親にこういうことをしたかったのだと気づくかもしれません。与えることが、即あなたの喜びになって返ってくるのを体験してください。

４章でもお伝えしたとおり、投資とは人生を豊かにしていく活動のひとつです。投資することもそうですが、「自分はたくさんの投資をしてもらっていた」と気づくことも、豊かさを受けとるうえでの大切なポイントです。

たとえば、厳しくしつけられたおかげで自然に身についたあいさつの仕方や礼儀作法など、いつの間にか自分のなかに築かれている財産があります。

・母は体が弱いのに、命がけで私を産んでくれた
・この学校に入れてもらったからよい友だちに出会えた
・貧しかったけれど、親が私たちのために必死で働いてくれていたから、私も自分で看護士という資格を得て、食べていける

など、親もいろいろな形で自分に投資をしてくれた、そう認識することは親の価値を認め、生まれてきた自分を祝福するうえで重要です。親を冷静に見ることができ、感謝を感じられるかどうかで、あなたの人としての成熟度を図ることができるといえます。

豊かさを招くコツ

多くの人が「豊かさ」は、稼いでいる金額や貯蓄額など「いくら収入があるか」「手元にどれだけお金があるか」にあると思っています。しかし、豊かさは、稼ぎ方ではなく「使い方」によって決まってきます。

・こんなに素敵な洋服が買えるなんて、うれしい！
・おいしいお食事を食べられることが、こころからの喜び！
・寄付できるお金がある私は、なんて豊かなんだろう！
・自分のお金を使って好きなことを学ぶのはとても楽しい
・一週間に一度お掃除を頼んだら、家でリラックスできるようになった
・ときどき子どもを預かってもらって夫とデートすると、また仕事をがんばれる

お金を使う瞬間に感じる喜びや幸せの感覚に、豊かさの鍵があるのです。お金を使うと

きに感じる幸せな気持ちや感謝、満たされた感覚を感じれば感じるほど、あなたは豊かになっていきます。

「自分は豊かだ」という土台から人生を生きていると、親密感やチャンス、仕事の依頼など、自分のマインドで考えた計画とは違う、予想していなかった展開が起こり、そこにさらなる豊かさが入ってくるのです。

「収入が増えれば豊かになる」のではなく、「愛に満たされると、収入を含めて人生が自然と豊かになる」のです。たくさんのお金を持っていても、いざ使うときに「こんなに使って、大丈夫かな」という心配や不安、「自分の好きなものばかり買ってしまった」という罪悪感、「いつのまにかなくなった」といったような焦燥感にさいなまれているとしたら、豊かさからはほど遠いことがおわかりではないでしょうか。

明日から、お金を使う瞬間の自分の感情に、ぜひ意識を向けてみてください。

請求書が来たら「なんでこんなに払わなきゃいけないんだ」とか、クレジットカードの明細が来たら「こんなに買ったつもりじゃないんだけど」とか、自分が買ったのにも関わらず、あたかもほかの誰かが買ったかのように思ったりすることはありませんか？

お金がなくても自分はすごく豊かだと感じている人も、たくさんいます。お金があっても豊かだと感じられないとしたら、まだ癒やされていない部分がたくさんあるということです。

現代社会においては残念ながら、お金の奴隷になっている人が多く、お金との対等な関係を築き、それを子どもに教えられている親は、あまり多くありません。

ですから何かのきっかけで自分で気づかない限り、お金が貯まらなかったり、豊かさを感じられないといったパターンが人生で何度も繰り返されるのです。

うまくいかないパターンを変えて、「お金とのつき合いは楽しい」という新しい観念をつくっていきましょう。

たとえば、寄付というのは、寄付控除を受けられるので戻ってくる場合もあるのです。社会のために少しでも貢献でき、そのあとに寄付控除でお金が返ってくるのも楽しみのひとつですし、そこにもお金の循環があります。楽しみながらお金を循環させていくのもお金に対する見方を変えるのに役立つかもしれません。

お金を払うときは、喜んで出しましょう！　あなたはとても豊かなのですから。

今あるものに感謝する

ある日突然、予想だにしなかった出来事に遭遇することがあります。がんなどの大きな病気になったり、事故で体の一部を失ってしまったり、災害で家や家族をなくしてしまったりなど、人生のなかで大きな喪失の体験をすることもあります。大きなものでも小さなものでも、失ったものにこころから嘆き悲しんだときに、はじめて「失ったものの価値に気がつく」、そういうこともありますね。

しかし、その出来事が私たちに教えてくれることはほかにもあります。たとえば、がんになった人であれば、朝起きて「自分は今日も生かされている」ということに、今まで感じたことのないような喜びを感じることができるかもしれません。

外側の状況という点からみると、以前よりひどくなっていても、こころのなかでは前よりも喜びや愛を感じられるようになっているということがあります。

人がそこまでの境地になるためには、「喪失」をきちんと体験して、十分に嘆き悲しむというプロセスを通る必要があります。そして、まわりの人の援助を受けて、乗り越えていきます。その体験を乗り越えると、いったい何が見えてくるのでしょうか。

そのときにはじめて、なくしたものではなく、今あるもの、生きている喜びや、お金があるという感謝に、自然と目が向いていきます。

人は、持っているものを分かち合いたいと思う存在です。分かち合うものがないということは悲しいこと、持っているもの、お金や資源や知恵、才能や楽しさなどを分かち合うことは、人間にとって大きな喜びであるということを、体験を通して感じるのです。

そのようなことから、寄付をするとき、自分が寄付をする側であるということに対して、とてもありがたいと感じるのです。

「足るを知る」というのは、愛とお金を手に入れるうえで大切です。愛もお金も実はあるのだ」ということに気づくことで、今あるものへの感謝が生まれます。人はつい、自分が持っていなくて、人が持っているものを数えがちですが、人と比べてもしかたないのです。

自分が今、持っているものに感謝し、今あるものを利用して愛もお金も増やし、また活用すれば、さらに幸福が増すのです。

福女はお金も愛も逃さない

あなたが福女になれば、あなたに関わるすべての人が豊かでハッピーになります。あなたがいることによってその場が潤ってくるのです。

夫の会社で働いていた友美さん。身内である夫からお金をもらうことがはばかられ、給料をもらわずにいました。あるとき、たまたま見ていたTVで世界の飢餓の現状を知ります。その光景にこころが動き、思わずTVに向かって、「100万円を寄付します」と、いってしまいました。そして、社長である夫に「使いたいことができたから、お給料をたくさんください！」と、いいました。

それ以来、友美さんは、自分がお金を受けとればたくさんの人を助けられると感じ、もっとお金がほしい、お金をもらおう！　と、決意しました。そして、お金は愛のエネルギーだと確信したのです。お金がたくさん入ってくる、さらなる豊かさを受けとっていくきっかけになりました。

お金を出すことの豊かさを知っているかどうか、ということも、福女になっていくための大事なポイントです。真に豊かな気持ちになるために、お金を使うということです。

人が生きている目的は「体験して表現し、表現して体験すること」です。究極的には愛を体験して愛を表現する、そして、表現している愛をまた体験する、という循環です。

お金も愛だと考えれば、自分が感謝を持ってお金を使い、愛を与えることによって、愛であるお金は循環していくのです。

豊かさの循環とは愛の循環ということになります。愛を与えていれば、与えている愛を今度は自分が体験できるのです。与えることが受けとること。「ギブアンドテイク」ではなく「ギブアンドレシーブ」でいるかぎり、逃すことがありません。

与えているときには、そのときの気持ちが大事です。

与えて受けとるとは、その行為自体が喜びである、ということです。

つまりは、喜んでやっているということが鍵なのです。

たとえば、幼い赤ちゃんが自分がもらった食べ物を、大人たちにもおすそ分けしようとすることがありますよね。それは、誰かに教えられたからではなく、自然とそういう行動をとっているのです。つまり人間は生まれながらにして、分かち合う喜びを知っている存在といえるのではないでしょうか。

自分が豊かだと思っている人は、自然に分かち合う楽しさを感じています。たとえば、寄付する側は貢献できるありがたさを感じることができます。与えているその瞬間は、相手は赤の他人ではなく、大切な友だちです。援助してもらう側には受けとる喜びと感謝があります。

お金や物だけではなく、人に教えたり、ボランティア活動をしたりすると、「自分には分かち合うものがある」と気づくことができるでしょう。人との距離が近づき、感謝のつながりが生まれ、人のことなのにまるで自分のことのような喜びを感じることもあります。そこには、人間関係の豊かさがあるのではないでしょうか。

逆に、自分が欠乏感を感じているときは、ケチになったり、守りに入ったりします。守りに入って自分の資源を失わないように抱え込み、なくなる怖れや不安と戦っているのと、分かち合う喜びを感じながら感謝のなかで人とつながるのと、どちらが豊かであるかはいうまでもありません。

震災を機に、農家の後継だった息子夫婦が沖縄へ引っ越してしまった田中さん夫妻は、息子夫婦がいなくなってからもふさぎこむことなく、いつでも人を招いて食事を皆にふるまうようになりました。すると、その場所にどんどん人が集まるようになり、収穫の際には、たくさんの人がボランティアで手伝ってくれるようになったのです。いろいろな人が集まるため、復興のアイディアもたくさん出て、ライブやワークショップ、フリーマーケットなど、その場所を活用したさまざまなイベントが行われるようなりました。

田中さん夫妻の場合は、その場所をたくさんの人と分かち合い、おいしいものをつくって、来てくれる人たちと過ごす時間を楽しんでいました。自分たちのいる場所や時間を気前よくシェアすること、人とつながること、そのこと自体が喜びだったのです。

すると、そのつながりから、思ってもみなかったような仕事、ボランティアなど、たくさんの助けや豊かさが入ってきました。人々が才能を発揮できる、新しいことにチャレンジできる場所を提供してくれた田中さん夫妻はたくさんの人に感謝され、尊敬され、また応援されています。

愛もお金も「ほしい」ものではなく、すでにあるのだ、と、視点をシフトすることで、今あるものに感謝が湧いてきます。安心して今あるものを楽しんでいると、愛もお金も入ってくる、という循環が起こります。
あなたのなかにある愛を安心して与えていくこと。お金も愛し、仕事も愛し、使っているコンピューターも愛し、パートナーも愛し、今を愛し、未来を愛する……。そうやって、あなたのなかにある愛の光で、すべてのものを照らしていくと、豊かにならないわけがありません。そうあることで、愛もお金も両方自然に受けとっていく、豊かな人生になっていくのです。

では、想像してみてください。
もしも、あなたに無限の愛とお金があるとしましょう。
どんな人生を送りたいですか？
どんな人になっていますか？
気前よく自分にある豊かさを分かち合っていますか？
無限にある愛をどのように表現しているでしょうか？
無限にあるお金をどのように楽しんでいますか？
分かち合える喜びを体験していますか？

気前がよく、あふれる愛やお金を分かち合っていますか？
パートナーにどのくらい気前よく分かち合っていますか？

すべての制限や思い込みから解き放たれたあなたは、とても気前がよく、オープンなのではないでしょうか？　本来のあなたは、誰とでも喜びを分かち合い、喜びの循環のなかにいる、そんな人なのではないでしょうか？

さらに豊かな福女になる5つのステップ

ここまでお伝えしてきたように、私たちは福女になることにより、お金、愛などすべてのよきことを受けとることができるのです。
最後に、さらに豊かな福女になるための５つのステップをご紹介します。

ステップ1

ひとつめのステップは、何があっても幸せになると決めることです。

たとえばそれは、親の期待にこたえなければならないというプレッシャーから自分を解放することかもしれません。あるいは、女性はこうあるべきだという、まわりから植えつけられたこだわりを捨てることかもしれません。どんなことがあっても、自分自身として、女性として幸せになると決めることです。

ステップ2

2章のワークで扱ったように、お金や愛、自分自身に関する過去の思い込みや制限に気づいてそれを捨て、自由になることです。

自分を知り、自分を受け入れ、愛することで、お金も愛も手に入れる福女への道が開きます。ここでのポイントは自分と仲よくすること、お金と仲よくすること、そして愛される勇気を持つことなのです。

ステップ3

自分にとって大切なものは何であるかを明確にします。

自分にとっての優先順位が明確になれば、おのずと、どこにどのように「投資」したらよいかがわかります。明確で効果的で一貫性のある投資が、未来の物心両面における豊かさを生み出します。

ステップ４

女性性を開花させることです。

まず、あなた自身が女性として生まれてきたことを喜び、誇りに思い、女性の本質である花の蜜――ネクターを分かち合うことにより、福を招き入れるのです。

あなたの魅力でパートナーからいつまでも愛され、ますます素晴らしい性生活を送ります。女性として満たされているあなたは、両親に「自分たちの娘は幸せである」という最高のプレゼントをします。さらに若者たちには、身をもって年を重ねていくことの醍醐味を伝え、希望を与えます。

ステップ５

大切に育んできた女性性を使って、リーダーの位置につくことです。

コミュニケーションやチームプレイの分野では、女性性がおおいに必要とされます。女性として本来のあなた自身を発揮してまわりに貢献することで、福女としての自信がさらに高まります。お金も愛も受けとり、豊かになることでほかの女性の見本になるのです。

いかがでしょうか。福女への道は、女性としての自分自身を取り戻し、力づけする道といい換えることができるかもしれません。女性として、本来の自分になり、成長し、成熟することで、お金や他人の価値観に振りまわされなくなります。

「幸せの見本になる」と決めて、この1から5のステップを繰り返してください。螺旋《らせん》の階段を昇るように成長し、自分を高めていくと、愛し愛される豊かな女性、ますます豊かな福女への道が開けていくでしょう。

おわりに　鷹野えみ子と私

「あなたにとって、『福女』とはどんな人のことですか？」

そう聞かれたら、私の頭に真っ先に浮かぶのは、この本を一緒に書いた鷹野えみ子、その人です。


私たちの出会いは、もうかれこれ25年以上前にさかのぼります。夫である栗原英彰と私が教えているセミナーに、彼女が参加したことがきっかけです。

当時の私たちは、「世界に貢献するビジョナリー・リーダーを育成する」というビジョンを掲げ、セミナーやカウンセリングを行う会社を立ち上げたところでした。彼女は私たちのビジョンに賛同し、勤めていた会計事務所を辞め、昼間はファミリーレストランでアルバイトをしながら、ボランティアで会社を手伝ってくれたのです。彼女が経理を見てくれたおかげで、私たちはトレーナー、カウンセラーとしての仕事に集中でき、会社は順調に伸びていきました。おかげで、彼女を正式なスタッフとして迎え入れることができるまでになったのです。

やがて彼女はセミナーの参加者のひとりと結婚し、長男を産みました。

ところが、彼女が産休を取っている間に、セミナーの参加者が減ったり、活気がなくなったりして、会社がうまくいかなくなってきたのです。産休を終えて彼女が戻ってくると、また会社も盛り返してきました。

私はほっと安心すると同時に気づいたのです。「彼女は、献身的なスタッフ、優秀な経理というだけでなく、豊かさの女神だったのだ！」と。

彼女が第二子を妊娠したとき、私は「産休中も、気持ちだけでいいから私たちを応援してね」と頼みました。こちらから相談を持ちかけたり、お互いにつながりを持つようにしたりしたのです。

その甲斐あってか、次男出産のときには産休中も会社はスムーズにいきました。

夫と私は、経営者やビジネスマン、ビジネスウーマンが仕事で成功し、家庭でも幸せであるよう、セミナーやカウンセリングで援助しています。

彼女はお金を扱うセミナーのほか、資産家の資産運用から、借金を抱える人が生活を立て直すための定期的な助言まで、多岐にわたったカウンセリングやコーチングで目覚ましい成果を上げています。

私は、彼女の（時には長年にわたる）献身的な援助により、八方ふさがりの人生からたくさんの人が救われてきたのを見てきています。

彼女こそ福女。お金も愛も手に入れているのはもちろんのこと、お金（豊かさ）と愛を気前よく振りまいている女性なのです。

太陽のようなエネルギーで育てた子どもたちは、ともにスポーツマンで明るい、社会人と大学生になりました。夫婦関係もますます親密感や楽しさを増し、私がこの本の校正をしている今も、二人でハワイでの休暇を楽しんでいます。

私たちは大金持ちではありませんが、お金にゆとりを感じ、愛し愛された幸せな人生を送っていることに、間違いはありません。しかも、まわりの人とともにお金と愛を「増やしている」「味わっている」実感があります。

お金をめぐって争ったり、お金のことで健康を害したり、果てはお金の工面ができずに自死を選んだりする話を聞くと、本当に悲しく残念に思います。

本書を読まれたあなたが、「福女」となって、お金と愛をたっぷりと手にしてください。まずは自分が豊かさを実感することです。そして、あなたの大切な人たちに循環させ、豊かさの連鎖を紡いでください。

この連鎖が、日本中、地球上のいたるところで起こったら、豊かでハッピーな世界が実現するに違いありません。

その鍵を握るのは、女性であるあなたです。

今日まで私たちを導いてくださった、ビジョン心理学創始者のチャック&レンシー・スペザーノ夫妻にこころから感謝いたします。

二〇一九年　満開の桜が見えるテラスにて　栗原弘美

参考文献

『セックスは、神さまからの贈りもの』
チャック・スペザーノ著／大空夢湧子訳／栗原弘美監修／斧田ふみ編（ヴォイス）

『かしこいカップルが最後に笑う　２人で４倍豊かになる９ステップ』
デヴィッド・バック著／櫻井祐子訳（翔泳社）

『LIFE SHFT　100 年時代の人生戦略』
リンダ・グラットン、アンドリュー・スコット著／池村千秋訳（東洋経済新報社）

協　　力　黒澤優子
　　　　　新井桜奈
イラスト　佐藤未摘
デザイン　石井香里

著者プロフィール

栗原弘美（くりはら　ひろみ）

ビジョン心理学マスタートレーナー。株式会社ビジョンダイナミックス研究所代表。NPO 法人こころのビタミン研究所代表理事。カウンセラー、トレーナーとして 10 万人以上と関わり、問題を解決に導く。心理学とスピリチュアリティを統合した、ビジョン心理学をわかりやすく教えることには定評があり、愛にあふれた親密な人間関係の秘訣を、自らの実体験をもとに分かち合う。長年の経験に基づく具体的なカウンセリングやセミナーは、問題解決に至るまでの時間が短いと評判で、国内のみならず、海外でも活躍。著書に『女子の最強幸福論』（小社刊）、『新版こころのビタミン』（ヴォイス）、『夫を理想のパートナーに変える７つの講座』（現代書林）、『手放せば転機が訪れる』（パブラボ）、翻訳書に、『30 日間で、どんな問題も解決する法』、『なにが起こっても、「絶対幸せ」でいる法』（いずれもヴォイス）ほか多数。

鷹野えみ子（たかの　えみこ）

ファイナンシャルプランナー。ビジョン心理学トレーナー。NPO 法人こころのビタミン研究所副代表理事。一般社団法人人間力研究所理事。1994 年からビジョン心理学を学び始める。銀行、会計事務所勤務の経験と心理学を統合し、こころとお金の関係に着目し、独自のマネーカウンセリングを編み出す。また、お金だけではなく、人間関係・夫婦関係・親子関係・コミュニケーションのセミナーや個人セッションなども数多く担当。クライアントが豊かで幸せになるためのアバンダンスライフセッションやマネーセミナーを、全国で開催している。ファイナンシャルプランナー（日本 FP 協会認定 AFP・FP2 級技能士）。著書に『マネーセラピー』（共著。ヴォイス出版）。

問い合わせ先
株式会社ビジョンダイナミックス研究所
https://www.vdi.co.jp
TEL　0120-376-228

たっぷり!
愛もお金も 受けとる
「福《ふく》女《おんな》」セラピー
豊かさへの扉を開く心理学

2019年5月5日　初版第1刷発行

著　者　栗原弘美　鷹野えみ子
発行者　東口敏郎
発行所　株式会社 BAB ジャパン
〒151-0073 東京都渋谷区笹塚 1-30-11　4・5F
TEL　03-3469-0135　　FAX　03-3469-0162
URL　http://www.bab.co.jp/
E-mail　shop@bab.co.jp
郵便振替　00140-7-116767
印刷・製本　中央精版印刷株式会社

ISBN978-4-8142-0205-8 C2077